Friedrich Johannes Loth

Die pädagogischen Gedanken der Instituto oratoria Quintilians

Friedrich Johannes Loth

Die pädagogischen Gedanken der Instituto oratoria Quintilians

ISBN/EAN: 9783743352421

Hergestellt in Europa, USA, Kanada, Australien, Japan

Cover: Foto ©Thomas Meinert / pixelio.de

Manufactured and distributed by brebook publishing software (www.brebook.com)

Friedrich Johannes Loth

Die pädagogischen Gedanken der Instituto oratoria Quintilians

Die paedagogischen Gedanken
der institutio oratoria Quintilians.

Inaugural-Dissertation
zur Erlangung der Doktorwürde
bei der
hohen philosophischen Fakultät
der
Universität Leipzig

eingereicht

von

Johannes Loth
Cand. theol.

Leipzig
Druck von Sellmann & Henne
1898.

Meinen Eltern in dankbarer Verehrung und treuer Liebe gewidmet.

Motto:

Nihil enim rerum ipsa natura voluit magnum
effici cito praeposuitque pulcherrimo cuique
operi difficultatem. instit. orat. X. 3, 4.

Litteratur:

Institutio oratoria Quintiliani ed. C. Halm.

F. Cramer: Geschichte der Erziehung und des Unterrichts im Altertume. Elberfeld 1832.

K. A. Schmid: Encyklopädie des gesamten Erziehungs- und Unterrichtswesens 1867.

F. Lübker: Reallexikon des klassischen Altertums.

M.J.Bratsanos: Peri tes para Kointiliano Paidagogikes.

Biel: „Ueber Quintilians institutio oratoria" im elften Bericht des kgl. Seminars zu Borna 1882.

W.S.Teuffel: Geschichte der römischen Litteratur 1890.

M. F. Quintilianus wurde geboren in Kalagurris im nördlichen Spanien; sein Geburtsjahr ist unsicher, die grösste Wahrscheinlichkeit besitzt das Jahr 35 p. Chr.[1] Sein Vater, ein Rhetor,[2] siedelte frühzeitig nach Rom über, dem Sammelpunkte der edelsten Geister aus allen Provinzen des römischen Weltreichs, um ihn ebenfalls zum Rhetor ausbilden zu lassen und zwar unter den ausgezeichneten Rednern Julius Africanus, Domitius Afer, Servilius Nonianus, Galerius Trachalus, Vibius Crispus, Julius Secundus.[3] In den Jahren 59 bis 68 finden wir ihn wieder in Hispanien und zwar bereits als Lehrer der Beredsamkeit; 68 brach der Aufstand gegen den Kaiser Nero aus, und Galba, der bisher das diesseitige Hispanien verwaltet hatte und von den Legionen zum Imperator ausgerufen wurde, bewog Quintilian, mit ihm nach Rom zu ziehen; hier in Rom blieb Quintilian bis an sein Lebensende; er trat nicht nur als Sachwalter auf, sondern erteilte auch rhetorischen Unterricht.[4] Als Lehrer der Beredsamkeit erlangte er hohen Ruhm,[5] er galt als Autorität auf diesem Gebiete, unterrichtete selbst am

---

[1] Nach Teuffel ist er zwischen 35 und 40 p. Chr. geboren.
[2] IX. 3, 73.
[3] VIII. 5, 15. X. 1, 102. 118.
[4] IV. 1, 19. 2, 86. V. 14, 27. VII. 2, 24. IX. 2, 73.
[5] I. Prooem. 1. II. 12, 12.

kaiserlichen Hofe,[1]) der beste Beweis für sein Ansehen. Sein Name wurde sogar sprichwörtlich gebraucht,[2]) und als Vespasian den Lehrern aus dem Fiskus Gehalte anwies, erhielt er denselben als erster.[3]) Neben diesem Gehalte blieb das Honorar der Schüler bestehen, dessen Höhe übrigens ziemlich beträchtlich gewesen sein muss, da Quintilian zu hohem Wohlstande gelangte.[4]) Nach 20jähriger öffentlicher Thätigkeit[5]) zog er sich in das Privatleben zurück und wurde vom Staatsoberhaupte durch die Verleihung der consularia ornamenta ausgezeichnet,[6]) woraus sich die an mehreren Stellen der inst. orat. eingestreuten, auf den Kaiser bezüglichen Schmeicheleien[7]) erklären. In die Zeit seines Privatlebens fällt die Abfassung der institutio oratoria. Das Jahr ihrer Veröffentlichung ist unsicher; wegen der Schmeicheleien gegenüber Domitian hat man sie noch vor 96, dem Todesjahre dieses Kaisers, ansetzen zu müssen geglaubt.[8]) Auch be-

---

[1]) IV. Prooem. 3.

[2]) Mart. II. 90, 1: Quintiliane, vagae moderator summe iuventae, Gloria Romanae, Quintiliane, togae. cf. Juven. VI. 75. 280. VII. 186. 189.

[3]) Suet. Vespas. 18.

[4]) Juven. VII. 186: unde tot Quintilianus habet saltus.

[5]) Prooem. I. 1; das Selbstzeugnis für seine Berühmtheit II. 12, 12.

[6]) Auson. gratiar. act. p. 23.

[7]) Teuffel: Die Huldigungen, die er IV. prooem. 3—5 und V. 1, 91f dem Domitian darbringt, sind zwar sehr wahrheitswidrig und dick aufgetragen, erklären sich aber durch die Dankbarkeit für das unmittelbar zuvor ihm bewiesene Vertrauen und damaligen officiellen Stil.

[8]) Nach Teuffel ist Q. um 88 in den Ruhestand getreten und hat die instit. orat. in der Zeit von 89—91 abgefasst, um sie in den Jahren 92—94 herauszugeben.

züglich des Todesjahres Quintilians ist man auf Vermutungen angewiesen. (118?)

Die institutio oratoria ist das Hauptwerk [1]) Quintilians, es besteht aus 12 Büchern, die in 5 Hauptteile zerfallen, [2]) und enthält eine wertvolle Zusammenfassung seiner langjährigen, von ihm als Redner und Lehrer der Beredsamkeit gesammelten Erfahrungen. Den Grund für die Abfassung der instit. orat. lernen wir aus dem Vorwort kennen, [3]) ihre Tendenz erklärt sich aus der Beschaffenheit des damaligen Unterrichtes. Die Jugendbildung nämlich begann mit der Thätigkeit der grammatistae oder litteratores, die die Elemente, Lesen und Schreiben, lehrten; dann folgte der Unterricht des Grammatikers, [4]) der dem Zöglinge das richtige Sprechen beizubringen und auch wohl mit auf die Deutlichkeit und Eleganz des Ausdrucks zu sehen hatte; [5]) das Letzte war der Besuch der Rhetorenschule; „sie hatte für die Vervollkommnung des Schülers durch schriftliche und mündliche Vortragsexercitien zu sorgen. Es war dabei möglich, die zu behandelnden Stoffe so zu wählen, dass von allen Seiten das der höheren Bildung Dienende herangezogen und verarbeitet werden konnte, und so liess sich auch dann erreichen, dass für die oratorische Behandlung

---

[1]) Nach seinem Selbstzeugnis hat er noch folgende Schriften verfasst: a) libri duo artis rhetoricae I, prooem. 7; b) sermones III. 6 68; c) de causis corruptae eloquentiae VI. prooem. 3. V. 12, 23. VIII. 6, 76.
[2]) I. prooem. 21.
[3]) I. prooem. 1 ff.
[4]) I. 4. cf. Cramer I. 432.
[5]) I. 7, 32.

des Verschiedenartigsten die Fähigkeit sich bildete. Freilich hing hier gerade viel von der individuellen Ansicht und Neigung der Lehrmeister ab, wie denn gewiss M. Seneca ein andrer war als Cato, und Quintilian ein andrer als L. Seneca .... unter Umständen kam es in der Rhetorenschule wohl zu einer Gymnastik des Geistes, die alle Kräfte in Spannung setzte, eine vielseitige Benutzung des durch Studium und Leben Angeeigneten möglich machte, und auch die moralische Entwickelung förderte. Indessen die Resultate waren nur ausnahmsweise so erfreulicher Art, infolge der durch die Ungeduld der Eltern geforderten Verfrühung der Bildung; denn wenn man auch im allgemeinen die Anlegung der toga virilis abwartete,[1]) ehe man die Rhetorenschule besuchte — Quintilian bestimmt diese Zeit nicht näher —,[2]) so konnte doch auch in diesem Alter von ausreichender Vorbildung für die Aufgaben der Rhetorenschulen nicht die Rede sein; dazu kam seitens der Grammatiker ein unberechtigtes Vorgreifen[3]) in den Kreis der rhetorischen Uebungen, infolgedessen die Rhetoren ein Eingehen auf die Anfangsgründe der Rhetorik für überflüssig hielten[4]) und sogleich mit den Deklamationen begannen,[5]) bei denen man mehr auf die Quantität als auf die Qualität Gewicht legte.[6]) Dass ein solcher Unterricht, dem der solide Unterbau fehlte,

---

[1]) Masson, Plinii minoris vita, Amst. 1709.
[2]) II. 2, 1.
[3]) I. 4, 22. II. 1, 1. 2.
[4]) II. 11, 1.
[5]) II. 1, 2.
[6]) X. 5, 21.

und der es im letzten Grunde nur auf berückenden Schein absah,[1]) indem er den Hauptwert auf die Form, nicht auf die Güte des Inhalts legte, der Rhetorik nur Nachteile bringen konnte, hatte jenen Rhetoren schon ihr Zeitgenosse Petronius eindringlich vorgehalten".[2]) Dasselbe thut Quintilian in der Schrift de causis corr. eloqu. und auch in der instit. orat., die an vielen Stellen durchblicken lässt, dass ihr Verfasser mit der zu seiner Zeit gebräuchlichen Unterrichtsmethode durchaus nicht einverstanden ist; des öfteren polemisiert er gegen sie in scharfer, aber doch massvoller Weise;[3]) man hat deshalb auch nicht mit Unrecht in der Polemik gegen die Praxis der damaligen Rhetorenschulen die Tendenz der instit. orat. erblickt.[4])

Die instit. orat. nun birgt, abgesehen von einem reichen rhetorischen Stoffe, eine Menge pädagogischer Vorschriften in sich, was sich ja schon aus ihrer Tendenz erklärt; der Verfasser erscheint uns nicht nur als tüchtiger Rhetor, sondern auch als praktischer Pädagog; freilich ist es keine selbständige Pädagogik, die er uns giebt, vielmehr steht sie im Dienste der Rhetorik und ist eng mit dieser verknüpft.[5]) Infolgedessen dürfen wir in der instit. orat. auch kein vollständig geschlossenes System der Pädagogik zu finden meinen; ein Umstand aber ist es, der dieses Werk in pädagogischer Hinsicht vor anderen ihm ähnlichen

---

[1]) II. 5, 22. V. 12, 17. 18. 23. VII. 1, 41. 44.
[2]) Schmid, cf. unten S. 68. 69.
[3]) II. 5, 2. 10. 11. 10, 3. 11, 1. 8, 6.
[4]) cf. Cramer II. S. 660 f und Schmid sub „Quintilian".
[5]) cf. Bratsanos S. 3.

aus seiner Zeit auszeichnet:¹) Quintilian führt uns in methodischem Stufengange die Erziehung des künftigen Redners von dessen frühesten Alter an bis zu den reifen Jahren hin vor Augen,²) zeigt uns dann, wie er in alle Kreise der Wissenschaften eingeführt und mit den Schätzen der Erfahrung, der Bildung und Theorie in dem Grade vertraut wird, dass seine Persönlichkeit zur vollendeten Humanität gelangt. Diese reiche Darstellung, welche mit den Elementen der Pädagogik und Didaktik anhebt, mit dem Gemälde des über alle Mittel der Kunst gebietenden Redners schliesst, fesselt durch Anschaulichkeit und Gemüt und eröffnet einen tiefen Einblick in die Werkstätte der römischen Beredsamkeit.³) Der Umstand also, dass wir in der instit. orat. die Elemente der römischen Pädagogik kennen lernen, hebt dieses Werk über seine Zeit hoch empor, der es zu gering erschien, auf die Grundlagen der Beredsamkeit zurückzugehen.⁴)

Wie schon angedeutet, überwiegt das rhetorische das pädagogische Element; als Ziel schwebt ja Quintilian die Heranbildung zum Redner vor Augen, und das, was eigentlich zur Schule gehört, wie er sich ausdrückt, will er im Vorbeigehen nicht unberührt lassen,⁵) eine Aeusserung, die allzu hohe Erwartungen eines ausführlichen pädagogischen Systems herabzustimmen wohl geeignet ist; indessen, wenn uns auch diese Aeusserung vor einer Ueberschätzung der instit. orat.

---

¹) I. 1, 21.
²) I. prooem. 5. 6.
³) Bernhardy, Grundriss der röm. Litteratur, S. 60.
⁴) I. prooem. 4. 25. I. 1, 21. X. 1,4a.
⁵) II. 10, 15.

bezüglich ihres pädagogischen Gehalts warnt, so müssen wir uns andrerseits doch auch hüten, sie zu unterschätzen; denn immerhin findet sich eine Fülle von pädagogischen Gedanken, die für Jahrhunderte hinaus in pädagogischer Hinsicht bahnbrechend gewirkt haben; diese pädagogischen Gedanken allein nun sollen, abgesehen von allem rein Rhetorischen und Philologischen, das sich in der instit. orat. findet, von uns berücksichtigt und beleuchtet werden, und zwar soll das in der Weise geschehen, dass wir folgende drei Fragen zu beantworten suchen:

1. Was erfahren wir über den Ausgangspunkt der Erziehung?
2. Was erfahren wir über das Ziel der Erziehung?
3. Was erfahren wir über den Weg, der zu diesem Ziele führt?

I.

Ausgangspunkt der Erziehung ist für Quintilian das geistige Princip im Menschen; er nennt es mens oder animus, wir würden sagen: die Seele. Ueber ihre Beschaffenheit erfahren wir nicht eben viel; es lag ja nicht in seiner Absicht eine systematische Abhandlung zu schreiben und eine Theorie der Seele zu geben; vielmehr kommt er nur gelegentlich auf die Seele und ihre Funktionen zu sprechen; eine Zusammenstellung dieser beiläufig gemachten Bemerkungen ergiebt folgendes: Das Princip[1]) im Menschen, das ihn zur geistigen Thätigkeit geschickt macht, ist ein donum naturale: gleichwie die Vögel zum Fliegen, die Pferde zum Laufen, die reissenden Tiere zur Wildheit geboren werden, so ist uns Menschen die Thätigkeit und erfinderische Kraft des Geistes eigentümlich.[2]) Dieses geistige Princip unterscheidet den Menschen vom Tiere und ist himmlischen Ursprungs;[3]) im frühesten Kindheitsalter ist die Seele tenera et rudis,[4]) besitzt grössere Aufnahmefähigkeit[5]) und gleichsam die Eigenschaften eines neuen Gefässes, das den Geschmack von dem

---

[1]) Quintilian meint damit das Denkvermögen und die Affekte.
[2]) I. 1, 1.
[3]) ibidem. XII. 2, 21. 28.
[4]) I. 11, 2.
[5]) I. 8, 4.

behält, womit es zuerst angefüllt wurde.[1]) Und nicht nur mit einem leeren Gefässe, das erst angefüllt werden muss,[2]) wird die Seele verglichen, sondern auch mit dem Wachs, dem verschiedene Eindrücke, die es festhält,[3]) eingedrückt werden; doch diese sensualistisch gefärbte Anschauung ist nicht die durchgehende; am andern Orte[4]) wird der Seele eine ingenita natura zugeschrieben, sie ist angelegt auf Vernunft[5]) und auf Tugend.[6]) Damit nun werden der Seele gewisse formale Eigenschaften beigelegt; sie besitzt die Eigenschaft der Entwickelungsfähigkeit und mit dieser implicite noch andere materielle; in der Entwickelungsfähigkeit liegt die Möglichkeit, weitere Eigenschaften zu erwerben. Darauf deuten Bemerkungen hin wie: ... neque ad eam (i. e. eloquentiam) pervenire natura humani ingenii prohibet,[7]) oder: natura enim perfectum oratorem esse non prohibet.[8]) Diese Entwickelungsfähigkeit besitzt jede Seele; wo das anders zu sein scheint, da gilt: manifestum est non naturam defecisse, sed curam.[9]) Durch den Vergleich der Seele mit einem leeren Gefässe oder mit Wachs werden ihr noch andere, wenn auch nicht absolute, so doch relative Eigenschaften zugeschrieben: nämlich die Aufnahmefähigkeit des Gefässes und die Geschmeidigkeit des Wachses. Schliess-

[1]) I. 1, 5.
[2]) I. 2, 28.
[3]) XI. 2, 4.
[4]) V. 10, 123.
[5]) I. 1, 2.
[6]) I. 2, 4. 12, 9. II. 20, 6. 7. XII. 2, 1. 2.
[7]) I. prooem. 20.
[8]) I. 10, 8.
[9]) I. 1, 2.

lich ist sie auch im Besitz positiver Kräfte des Wachstums; damit sind die Anlagen gemeint, die ihr höchst selten fehlen; denn: Stumpfsinnige und Ungelehrige werden nicht mehr geboren als Missgestaltete; und deren Zahl ist immer nur sehr gering gewesen;[1] fuerit argumentum quod in pueris elucet spes plurimorum sagt er zur Bekräftigung dieser seiner Ansicht.[2] Freilich nicht jede Seele besitzt die Anlagen in gleich hohem Grade: praestat alius alium ingenio.[3]

Ingenii signum in parvis praecipuum memoria est;[4] hiermit giebt uns Quintilian ein Mittel an die Hand, jene Anlagen zu erkennen: das Gedächtnis offenbart sie; ihm wohnt die zweifache virtus inne: Neues leicht zu fassen und Altes treulich zu behalten resp. unschwer zu reproduzieren.[5] Das Verschwinden der Vorstellungen aus dem Bewusstsein, so führt Biel im Anschluss an Lotzes Grundzüge der Phychologie aus, kann niemand beobachten. Daher konnten sich verschiedene Ansichten über diese Seelenkraft entwickeln. Bald nämlich hielt man das Verschwinden der Vorstellungen für das Natürliche und glaubte, das Merken und Behalten erklären zu müssen; bald sah man das Beharren der Vorstellungen für das Natürliche an, da sich die Fortdauer eines einmal erregten Zustandes nach Analogie des physischen Gesetzes der Beharrung von selbst verstehe und glaubte, das Vergessen erklären zu müssen. Quintilian ist Anhänger jener An-

---

[1] ibidem.
[2] ibidem.
[3] I. 1, 3.
[4] I. 3, 1.
[5] XI. 2, 2.

schauung; er spricht seine Verwunderung darüber aus, dass alte Eindrücke aus ferner Zeit in unserer Seele von Neuem erscheinen, während uns Dinge von gestern entfallen, dass Altes fest haftet und das Neuere verschwindet, dass manches, wenn wir es hervorsuchen, sich versteckt, um dann ganz plötzlich wieder emporzutauchen, dass überhaupt die Erinnerung nicht immer bleibt, bisweilen aber zurückkehrt.[1]) Nicht minder wunderbar und schwer erklärlich erscheint ihm, dass die Nacht dem Gedächtnis Entfallenes zurückbringt, während doch sonst die Zeit das Vergessen bewirkt;[2]) hierfür bringt er eine Erklärung,[3]) für jene Thatsache des Verschwindens und plötzlichen Emportauchens von Vorstellungen im Gedächtnis hingegen weiss er keine. Das Gedächtnis ist von der grössten Bedeutung, auf ihm beruhen die Elemente der Wissenschaften[4]) und überhaupt aller Unterricht: frustraque docemur si quidquid audimus praeterfluat.[5]) Im Kindesalter ist es nicht nur schon vorhanden, sondern gerade am treuesten,[6]) weil da die Seele erst wenig Eindrücke in sich aufgenommen hat, und deshalb jeder neue unmittelbar wie im Wachs in ihr haften bleiben kann. Sein Besitz ist für jeden von grossem Werte, besonders aber für den Redner, denn ein gutes Gedächtnis begünstigt die Redefertigkeit[7]) neque immerito thesaurus hic

---

[1]) XI. 2, 6. 7.
[2]) XI. 2, 43 cf. Biel S. 34.
[3]) ibidem.
[4]) I. 1, 19.
[5]) XI. 2, 1.
[6]) I. 1, 19. 36. cf. I. 1, 5.
[7]) X. 6, 6. I. 1, 36. XI. 2, 3.

eloquentiae dicitur;[1]) andererseits ist es für den Redner die grösste Schande, im Gedächtnis irre zu werden.[2]) Seinen Besitz sichern wir uns dadurch am besten, dass wir dasselbe durch Uebung stärken und nähren: si quis tamen unam maximamque a me artem memoriae quaerat, exercitatio est et labor: multa ediscere, multa cogitare et si fieri potest cotidie, potentissimum est; nihil aeque vel augetur cura vel negligentia intercidit.[3]) Gerade in den frühesten Kindheitsjahren, die noch nichts aus sich selbst schaffen können, ist es beinahe einzig und allein das Gedächtnis, worauf die Sorge des Lehrers fördernd einwirken kann;[4]) nicht nur in den Kindheits- sondern auch in den späteren Jahren bedarf es der Stärkung durch ununterbrochene Uebung,[5]) und zwar ist, um das vorweg zu nehmen, mehr Fremdes als Eigenes zu empfehlen; denn: exercebitur acrius memoria aliena complectendo quam sua,[6]) nur ausnahmsweise darf das Letztere geschehen und gleichsam als Belohnung für eine befriedigende Ausarbeitung eines Themas;[7]) indessen das Gedächtnis wird nicht allein durch fleissige Uebung unterstützt und gekräftigt: ex Simonidis facto notatum videtur iuvari memoriam signatis animo sedibus;[8]) hiermit empfiehlt Quintilian im Anschluss an Simonides, den Erfinder

[1]) XI. 2, 1.
[2]) IV. 1, 61.
[3]) XI. 2, 40. cf. 2, 1.
[4]) I. 1, 36. XI. 2, 45.
[5]) I. 11, 14.
[6]) II. 7, 3.
[7]) II. 7, 5.
[8]) XI. 2, 17.

der Mnemotechnik, das nichtmechanische Memorieren und zwar, wie Biel z. B. sagt, das ingeniöse, welches das zu Merkende an eine Anschauung knüpft; man soll die Vorstellungsreihen, die man sich einprägen will, an eine geräumige Lokalität von reicher Mannigfaltigkeit schliessen, an ein Gebäude mit vielen Zimmern. An den sicheren, dem Geiste immer gegenwärtigen Bestandteilen desselben müssen neue Vorstellungen ihren Halt gewinnen, sodass das Neue sich mit den bekannten Merkmalen des Gebäudes in Gedanken verbindet. Bei der Reproduktion der Vorstellungsreihen liest man die einzelnen Vorstellungen gewissermassen an den Teilen des Hauses ab (Biel). Quintilian erwähnt also im Anschluss an Simonides das eine Associationsgesetz der Reproduktion nach dem äussern Zusammenhange, der Gleichzeitigkeit.[1]) So empfehlenswert ihm diese Art des Memorierens für die Einprägung gewisser Reihenvorstellungen wie Namenreihen erscheint, so wenig geeignet findet er sie für die Einprägung zusammenhängender Vorträge, da das Gedächtnis doppelte Arbeit habe, wenn es bei jedem einzelnen Worte auf das betreffende Zeichen zurückblicken solle.[2]) Als einfachere Mittel für das Auswendiglernen eines zusammenhängenden Stückes empfiehlt er: Einteilen des zu memorierenden Stoffes nach seinem Gedankeninhalte[3]) und stückweises Memorieren, Zeichensetzen an besonders schwer zu lernenden Stellen,[4]) lautes Lernen, ut duplici motu iuvetur memoria, dicendi

---

[1]) XI. 2, 18 ff.
[2]) XI. 2, 26. Biel S. 35.
[3]) Logisches Auswendiglernen: XI. 2, 27. 36.
[4]) XI. 2, 28.

et audiendi,[1]) und im besondern Falle Benutzen des eigenhändig geschriebenen Konzeptes,[2]) auf das man sich aber beim Vortragen möglichst wenig verlassen soll; man verzichte vielmehr gleich von Anfang an darauf ins Heft zu sehen oder sich einhelfen zu lassen. Quintilian ist — mit Plato[3]) — der Meinung, dass das Schreiben dem Gedächtnis hinderlich sei, da man sich, wie er richtig bemerkt, dem Gefühle sorgloser Sicherheit hingebe, habe man etwas auswendig zu Lernendes schriftlich zur Verfügung.[4]) Mit der Forderung, den auswendig zu lernenden Stoff nach seinem Gedankeninhalte einzuteilen, berührt Quintilian auch das Associationsgesetz der Gleichartigkeit, auf das auch die Worte hinweisen: ... qui memoriam ab aliquo simili transferunt ad id quod continendum est.[5]) Wichtig für das Memorieren ist besonders unser eigner Zustand, der es im besonderen Falle unterstützt: illud ediscendo scribendoque commune est utrique plurimum conferre bonam valetudinem, digestum cibum, animum cogitationibus aliis liberum.[6])

Neben der memoria ist die imitatio als Mittel, die geistigen Anlagen zu erkennen, erwähnt,[7]) doch so, dass sie scharf und deutlich von der Nachäfferei geschieden wird; die imitatio ist die Anlage der Seele, vermöge deren das Kind alles, was es sieht und hört, nachzuahmen sucht. Dieser Gedanke aber erhält sogleich

---
[1]) XI. 2, 33.
[2]) XI. 2, 32.
[3]) XI. 2, 9. Phaedrus p. 274.
[4]) cf. X. 6, 2. 7, 32. Etwas anderes XI. 2, 10.
[5]) XI. 2, 30.
[6]) XI. 2, 35.
[7]) 1. 3, 1.

seine notwendige Einschränkung; wie soll das Kind nachahmen? sic ut ea quae discit effingat, non habitum forte et ingressum et si quid in peius notabile est.[1]) Diese Eigenschaft der kindlichen Seele tritt besonders bei dem Erlernen der Sprache hervor, denn die beruht in der Hauptsache nur auf der imitatio; diese ferner ist überaus wichtig bei dem ersten Unterricht,[2]) ja ohne sie ist überhaupt keine Kunst denkbar: neque enim dubitari potest, quin artis pars magna contineatur imitatione . . . atque omnis vitae ratio sic constat, ut quae probamus in aliis, facere ipsi velimus. Sic litterarum ductus, ut scribendi fiat usus, pueri sequuntur, sic musici vocem docentium, pictores opera priorum, rustici probatam experimento culturam in exemplum intuentur, omnis denique disciplinae initia ad propositum sibi praescriptum formari videmus.[3]) Und wie jede Kunst, so beruht auch die Beredsamkeit auf der rechten imitatio, deren Gegenteil, die cacozelia,[4]) verurteilt wird.

Nachdem wir die Beschaffenheit der menschlichen Seele kennen gelernt haben, betrachten wir das Verhältnis, in dem sie nach Quintilians Anschauung zum Körper steht. Darüber orientieren uns Bemerkungen wie: die Seele blickt durch die Augen hindurch,[5]) Thränen sind die Verräter der Seele,[6]) Stimmen und Gebärden stehen im Dienste der Seele,[7]) Augen und

---

[1]) ibidem; derselbe Gedanke in anderem Zusammenhange. X. 2, 27.
[2]) I. 2, 26. II. 3, 10.
[3]) X. 2, 1. 2.
[4]) II. 3, 9; über die imitatio vergleiche besonders X. 2.
[5]) XI. 3, 75.
[6]) ibidem.
[7]) XI. 3, 65.

Ohren vermitteln der Seele ihre Empfindungen.[1]) Die Seele hat hiernach also zu ihrer Thätigkeit gleichsam Werkzeuge nötig: Augen, Ohren, Stimme, Gebärden; sie ist mittelbar, mit Hülfe des Körpers, thätig; beide, Körper und Seele, bilden ein organisches Ganzes, eins ist nicht ohne das andere denkbar, zwischen beiden findet eine Wechselwirkung statt, beide sind von einander abhängig.[2])

Nach dieser Anschauung von dem Verhältnis des Körpers zur Seele wäre eine gleichhohe Wertschätzung beider zu erwarten; indessen entspricht die Wirklichkeit nicht ganz dieser Erwartung: wie so oft, weicht auch hier die Praxis von der Theorie ab; Quintilian stellt die Seele, der er ja himmlischen Ursprung zuschreibt,[3]) über den Körper, er bevorzugt sie in ziemlich hohem Masse; man erkennt das an dem Grade der Pflege, die er beiden zu teil werden lässt; infolge dieser Bevorzugung der Seele kommt es nicht recht zu einer harmonischen Ausbildung von Körper und Seele, wie sie ja z. B. von den Griechen, auf deren pädagogischen Ansichten Quintilian fusste,[4]) mit Nachdruck gefordert wurde.

---

[1]) XI. 3, 14.
[2]) Vergleiche das V. 11, 25 citierte Worte Ciceros.
[3]) cf. S. 16, Note 3.
[4]) Besonders ist hier Chrysippus zu erwähnen, cf. I. 1, 4. 16. Gemeint ist der Stoiker (* ca. 282 a. Ch.), von dem die Worte gelten: εἰ μὴ γὰρ ἦν Χρύσιππος, οὐκ ἂν ἦν Στοά. Er ist der Verfasser der pädagogischen Schrift: περὶ παίδων ἀγωγῆς. Nach Teuffel sind Quintilians Quellen ausser verschiedenen rhetorischen προγυμνάσματα und abgesehen von Chrysippus besonders die Griechen Dionysios von Halikarnass, Cäcilius von Kale Akte und die Römer:

Die körperliche Ausbildung steht also mit der geistigen Ausbildung nicht auf gleicher Stufe: die Pflege des Körpers wird verhältnismässig in geringem Grade berücksichtigt; sie erscheint fast als Nebensache, wenn Quintilian auch recht wohl den Wert eines gesunden Körpers für die Studien zu schätzen weiss[1]) und deshalb auch ausdrücklich verlangt, das Kind solle sich nach gethaner Arbeit zur Sammlung frischer Kräfte erholen, mit der Begründung, dass selbst das Empfindungs- und Leblose eine ununterbrochene Thätigkeit nicht ertragen könne;[2]) doch diese billige Forderung ist nicht allein aus Rücksicht auf die körperliche Gesundheit gestellt, sondern auch deshalb, dass in der Kindesseele durch Versagen der Erholung nicht etwa Widerwillen gegen die geistige Arbeit entstehe.[3]) Diese Erholung nun halte sich in den rechten Grenzen! Sonst nämlich bewirkt sie gerade das Gegenteil von dem, was sie soll; man dehne sie deshalb nicht zu weit aus.[4]) Auch das Spiel empfiehlt Quintilian; bemerkenswert aber erscheint mir da seine Begründung; das Spiel gilt ihm nämlich nicht nur als Mittel zur körperlichen Kräftigung und geistigen Zerstreuung, sonst würde er nicht sagen: sunt etiam nonnulli acuendis puerorum ingeniis non inutiles lusus cum positis invicem cuiusque generis quaestiunculis

---

Cicero, Cornificius (Rhetorica ad Herenn.), Rutilius, Celsus, Kornutus; endlich für die Accentlehre und das Grammatische wahrscheinlich sein Lehrer Remmius Palaemon.

[1]) X. 3, 26.
[2]) I. 3, 8.
[3]) I. 3, 11.
[4]) ibidem.

aemulantur.¹) Selbst das Spiel soll also mitunter geistiger Ausbildung dienen; nebenbei erscheint es auch als Mittel, den Charakter des Kindes zu erkennen: mores quoque se inter ludendum simplicius detegunt²) und lässt ausserdem auf die geistigen Fähigkeiten desselben schliessen: est et hoc signum alacritatis neque illum tristem semperque demissum sperare possim erectae circa studia mentis fore, cum in hoc quoque maxime naturali aetatibus illis impetu iaceat.³) Diese Auffassung vom Werte der Erholung und des Spiels deutet unverkennbar an, wie Quintilian sich überhaupt zur körperlichen Pflege stellt; anstatt zu einer positiven Ausbildung des Körpers aufzufordern, wie es etwa dem Pentathlon⁴) der Griechen entspräche, hält er die, welche den Meistern der Ringschule einige Zeit widmen, nicht für tadelnswert.⁵) Es liegt ja in diesen Worten allerdings implicite die Aufforderung, die körperliche Ausbildung nicht ganz zu vernachlässigen; doch aus welchen Gründen sie ergeht, das wird sich bald zeigen. Zunächst ist das „paulum" höchst charakteristisch; es soll soviel sagen wie: ja nicht finde eine andauernde körperliche Ausbildung und Uebung statt, wie sie etwa unser Turnunterricht ist, sondern nur kurze Zeit widme man derselben, nec ultra pueriles annos nec in his ipsis diu;⁶) also Ein-

---

¹) I. 3, 11.
²) I. 3, 12.
³) I. 3, 10.
⁴) Hierzu vergleiche den Pentamet. des Simonides: ἅλμα, ποδωκείην, δίσκον, ἄκοντα, πάλην.
⁵) I. 11, 15.
⁶) I. 11, 19.

schränkung über Einschränkung; und diese nur kurze Zeit anhaltende körperliche Uebung in der Palästra geschieht nicht aus gesundheitlichen, sondern aus ästhetischen Rücksichten: der zum Redner heranzubildende Zögling soll in der Palästra ungeschicktes, linkisches Benehmen ablegen und sich passende Gestikulation und wohlgefällige Bewegung seiner Glieder aneignen.[1]) Hat er das gelernt, dann hat er in der Palästra nichts mehr zu schaffen; eine besondere körperliche Ausbildung zur Stärkung der Gliedmassen und zur Erhaltung und Förderung der Gesundheit kennt also Quintilian nicht; damit redet er dem Intellektualismus das Wort; das mutet uns bei einem Manne, der sich sonst so eng wie möglich an die Griechen anschliesst, etwas fremd an.

Was dem Körper in zu geringem, das wird dem Geiste in zu hohem, ja fast in übertriebenem Masse zu teil. Die Ausbildung des Geistes hat möglichst früh zu beginnen, nicht erst mit dem 7. Jahre, was Eratosthenes z. B. forderte, weil nach seiner Ansicht erst von diesem Alter an das Verständnis für den Unterricht und die Kraft, die geistige Anstrengung zu ertragen, vorhanden sei.[2]) Dieser Meinung schliesst sich Quintilian nicht an; er ist vielmehr davon überzeugt: keine Lebenszeit darf ohne Sorge für die Bildung sein.[3]) Deshalb muss die geistige Ausbildung anfangen, sobald das Kind sprechen gelernt hat, denn: quid melius alioqui faciant ex quo loqui poterunt?[4])

---

[1]) I. 11, 16 ff.
[2]) I. 1, 15.
[3]) I. 1, 16, zu vergl. 1, 19. II. 1, 7.
[4]) I. 1, 18. Gedike antwortet auf diese Frage mit Recht: den Körper üben und sich des Lebens freuen.

Er stützt sich bei dieser Forderung auf Chrysippus, der für das früheste Kindesalter das Einwirken der Wärterinnen in sittlicher Beziehung verlangt; wenn aber sittliche, warum sollte dann nicht auch wissenschaftliche Bildung, so folgert Quintilian kühn, dem Kinde zu teil werden?[1]) Grosser Erfolg ist ja bei so frühzeitigem Beginne des Unterrichts nicht zu erwarten; aber ein Gewinn bleibt es doch, wenn das Kind im Alter von 7 Jahren, anstatt etwas Geringfügiges erst zu lernen, seine Zeit auf wichtigere Dinge verwenden kann, da jenes bereits in seinen geistigen Besitz übergegangen ist;[2]) dieses frühzeitige Lernen bringt also doch für später einen gar nicht zu geringen Nutzen; denn: hoc per singulos annos prorogatum in summam proficit; et quantum in infantia praesumptum est, temporis adolescentiae acquiritur.[3]) Dem Einwurfe: zu frühe geistige Thätigkeit fällt dem Kinde schwer, begegnet er mit dem Erfahrungssatze . . . dociliora sunt ingenia priusquam obduruerunt,[4]) . . . neque enim ulla aetas minus fatigatur.[5]) Die Wahrheit dieser Sätze sucht er zu erhärten durch den Hinweis auf folgende Thatsache: ut corpora infantium nec casus quo in terram totiens deferuntur, tam graviter adfligit, nec illa per manus et genua reptatio nec post breve tempus continui lusus et totius diei discursus, quia pondus illis abest nec sese ipsi gravant: sic animi quoque, credo, quia minore conatu moventur nec suo

---

[1]) I. 1, 17.
[2]) I. 1, 18, cf. 1, 19.
[3]) I. 1, 19.
[4]) I. 12, 9, cf. 1, 22.
[5]) I. 12, 8.

nisu studiis insistunt, sed formandos se tantummodo praestant, non similiter fatigantur:[1] frühzeitige geistige Thätigkeit also bereitet im Gegenteil dem Kinde die geringere Mühe; auch für den Lehrer ist das Unterrichten eines im frühesten Kindesalter stehenden Zöglings leichter, da dieses Alter noch keiner Verstellung fähig ist und sich gegen den Lehrer am nachgiebigsten zeigt.[2]

Aus diesen gelegentlichen Bemerkungen über den Beginn des Unterrichts darf man wohl mit Sicherheit darauf schliessen, dass dem Quintilian die Ausbildung des Geistes hoch über der des Körpers steht, der unter jener sogar leiden darf; denn das geschieht doch, wenn wir die Zeit, welche uns von der Natur selbst zur Ruhe und Erholung verliehen ist, auf die anstrengendste Arbeit, auf die Beschäftigung mit den Wissenschaften, verwenden:[3] der Körper wird eben nur als Mittel zum Zweck betrachtet und deshalb bezüglich seiner Pflege vernachlässigt: damit aber ist eine harmonische Ausbildung von Körper und Seele, wie sie die Griechen forderten, ausgeschlossen. Dass Quintilian mit dieser Praxis sich einer Inkonsequenz schuldig macht, ist bereits bemerkt worden.[4]

Was wir oben von der Beschaffenheit der menschlichen Seele kennen gelernt haben, giebt uns das Recht dazu, den Quintilian in dieser Beziehung zu den Optimisten zu rechnen.[5] Diese optimistische An-

---
[1] I. 12, 10, cf. 1, 22.
[2] I. 3, 12. 12, 11.
[3] X. 3, 26.
[4] S. 24.
[5] Hierzu vergl. besonders noch XII. 11, 10 ff.; auch Biel S. 29.

schauung involviert eine gewisse Leichtigkeit der Erziehung; diesen Gedanken jedoch verfolgt Quintilian nicht weiter; er betont vielmehr die unbedingte Notwendigkeit der Erziehung und zieht somit die andere Konsequenz jener Anschauung: die natürlichen Anlagen der menschlichen Seele müssen gepflegt werden, damit sie mehr und mehr erstarken; denn durch Ausserachtlassen ihrer Pflege werden sie geschwächt,[1]) deshalb fordert er: excitanda mens et attollenda semper est;[2]) er vergleicht den menschlichen Geist mit der Erde, die, vernachlässigt, Dornen und Disteln, gepflegt aber Früchte hervorbringt;[3]) und wie mit dem Ackerlande, bei dem die Eigenschaft der Fruchtbarkeit nicht allein ausreicht, um die gewünschten Früchte zu erzielen, sondern eine rationelle Bebauung und Pflege erforderlich ist, ebenso verhält sich's mit der menschlichen Seele und ihren natürlichen Anlagen; was dort eine rationelle Bebauung und Pflege, das ist hier Erziehung und Unterricht; aus diesem Gedankenkreise heraus ist das Wort zu verstehen: ... omnino supervacua erat doctrina si natura sufficeret;[4]) hiermit ist die unbedingte Notwendigkeit der Erziehung des Unterrichts gefordert: nichts ist ja vollkommen, wo nicht die Natur durch Bemühung veredelt wird, heisst es an anderer Stelle;[5]) dieser Gedanke beleuchtet die Notwendigkeit der Erziehung von der andern Seite; als eine Veredlung der immerhin doch unvollkommenen

---

[1]) II. 8, 5.
[2]) I. 2, 18, cf. 1, 16.
[3]) V. 11, 24.
[4]) II, 2, 8.
[5]) XI, 3, 11, cf. 2, 9.

Anlagen ist hier die Erziehung aufgefasst, eine Ansicht, die sich noch mehreremale findet, z. B. in dem Satze: Wie das Land durch Anbau, so wird die Seele durch die Erziehung veredelt und fruchtbarer gemacht.[1]) Die Erziehung hat demnach bei Quintilian eine doppelte Aufgabe, die ganz der moralischen Gesamtanlage der Seele entspricht,[2]) nämlich: weitere Ausbildung des Guten und Ausmerzung des Schlechten.[3])

Erziehung und Unterricht sind also notwendig zu fordern wegen der natürlichen Anlage der Seele. Wie denkt sich nun Quintilian das Wertverhältnis von Unterricht und Anlage? Gleich zu Anfang seines Werkes heisst es: Ohne Beihülfe der Natur vermögen Vorschriften nichts; deshalb ist das Folgende für einen Menschen ohne Anlage ebensowenig geschrieben, wie ein Werk über den Ackerbau für unfruchtbares Land.[4]) Hierin ist bereits die Abhängigkeit des Unterrichtserfolges von den Anlagen konstatiert; etwas Bestimmteres aber über die Wertschätzung beider erfahren wir an anderer Stelle;[5]) dort heisst es: die natürliche Anlage vermag auch ohne Unterricht viel; dieser aber ist ohne jene undenkbar; bei normalen Verhältnissen also besitzt die Anlage grössere Be-

---

[1]) VIII, 3, 75.
[2]) I. 2, 4.
[3]) II, 12, 8: confitendum est etiam detrahere doctrinam aliquid, ut limam rudibus et cotes hebetibus et vino vetustatem, sed vitia detrahit, atque eo solo minus est quod litterae perpolierunt, quo melius; vergl. auch II. 8, 9. 10: non enim deserendum id bonum si quod ingenitum est, existimo, sed augendum addendumque quod cessat.
[4]) I prooem. 25.
[5]) II. 19, 1—3.

deutung als der Unterricht; beim idealen Redner aber ist es umgekehrt: er verdankt dem Unterrichte mehr als seiner natürlichen Anlage; zum Beleg dieser zweifachen Ansicht führt er folgenden Vergleich an: aus einem unfruchtbaren Acker vermag auch der beste Landwirt nichts zu machen, während ein fruchtbares Feld auch ohne Bebauung etwas Nutzbares hervorbringt; aber bei sehr ergiebigem Boden bewirkt der Bebauer mehr als die Güte des Bodens an und für sich; noch deutlicher wird das Verhältnis von Anlage und Unterricht oder von Stoff und Kunst[1]) durch folgende Bemerkung: ein unbehauener parischer Marmorblock ist mehr wert als ein von Praxiteles aus grobem Mühlstein geschaffenes Bild; doch bei einem von demselben Künstler behauenen parischen Marmorblocke würde die Kunst mehr wert sein als der Stoff; das abschliessende Urteil über das Verhältnis von Anlage und Unterricht fasst er zum Schluss in den Satz zusammen: nihil ars sine materia, materiae etiam sine arte pretium est, ars summa materia optima melior.[2])

Neben der philosophischen Betrachtung der Kindesseele finden sich auch Spuren einer andern, die mehr auf Beobachtungen des praktischen Lebens basiert; so sagt er einmal, vor allem müsse der Lehrer den Unterschied der Anlagen seiner Schüler erkennen, quomodo palaestricus ille cursorem faciet aut pugilem aut luctatorem aliudne quid exiis, quae sunt sacrorum certaminum;[3]) denn der eine sei z. B. für Geschichte,

---
[1]) natura materia doctrinae est, haec fingit, illa fingitur II, 19, 3.
[2]) II, 19, 3.
[3]) II. 8, 7.

der andere für Poesie, der dritte für das Rechtsstudium beanlagt, während ein vierter am besten in der Landwirtschaft seinem Berufe nachginge.[1]) Die individuellen Anlagen sind also nach dieser auf praktischer Beobachtung beruhenden Anschauung gänzlich verschieden.[2]) Auf eine Erklärung dieser merkwürdigen Thatsache lässt er sich nicht ein; wohl aber zieht er aus ihr die notwendigen Konsequenzen: der menschliche Geist ist in seiner individuellen Richtung zu fördern; nicht etwa versuche man etwas, das infolge der fehlenden Anlage nicht zu erreichen ist oder führe einen von dem, wozu er beanlagt ist, zu etwas anderem, in dem ihm die Anlage mangelt.[3]) Vom zukünftigen Redner freilich wird mehr verlangt als vom gewöhnlichen Sterblichen: verum ei qui foro destinabitur non in unam partem aliquam sed in omnia quae sunt eius operis etiam si qua difficiliora discenti videbuntur elaborandum est;[4]) wenn er auch nach einer Seite hin besonders gut veranlagt ist, anderes wird ihm doch nicht widerstreben; durch angestrengten Fleiss wird er es darin ebensoweit bringen wie in dem, was seine natürliche Stärke ist; es verhält sich mit dem zukünftigen Redner ähnlich wie mit dem Pankratiasten; auch dieser muss für alle möglichen Arten von Wettkämpfen vorbereitet werden.[5])

---

[1]) ibidem.

[2]) cf. II, 8, 1 ... est incredibilis quaedam varietas nec pauciores animorum paene quam corporum formae.

[3]) II. 8, 13.

[4]) II. 8, 8.

[5]) II. 8, 13.

Durch die oben [1]) dargelegten Anschauungen Quintilians von der Beschaffenheit der menschlichen Seele erklärt sich leicht das, was er über das Alter sagt, in dem die Erziehung beginnen soll. Da das Gedächtnis in früher Jugend am treuesten [2]) und der Geist am empfänglichsten, dabei dem Lehrer gegenüber am nachgiebigsten und ohne Verstellung ist, [3]) so muss man in dieser Zeit schon mit der Erziehung beginnen; im andern Falle schont man nicht die Lernenden, sondern die Lehrenden. [4]) Die erste Stufe der sittlichen und intellektuellen Bildung haben wir im Elternhause zu suchen: die Eltern, Ammen, Wärterinnen, Diener und Pädagogen [5]) sind es, von denen diese erste Bildung [6]) ausgeht; freilich darf man sich unter ihr nicht zu viel vorstellen; die sittliche Erziehung bestand in dem Fernhalten aller auf die Sittlichkeit nachteilig wirkenden Faktoren; bei der intellektuellen Erziehung handelt es sich in dieser Zeit nur darum, das Kind die Worte richtig und deutlich aussprechen zu lehren und dadurch den Geist zur Aufnahme der Elemente des Unterrichts vorzubereiten. Das Ende dieser Vorbereitungszeit und damit der Anfang des Elementarunterrichts wird von Quintilian nicht besonders festgesetzt; aus der Bemerkung aber: quidam litteris instituendos, qui minores septem annis essent non

---

[1]) S. 16 ff.
[2]) I. 1, 19. 1, 5.
[3]) I. 12, 9 ff. 3, 12 ff.
[4]) I. 1, 17.
[5]) cf. Cramer I. 394 ff. 256.
[6]) Vergleiche zum Folgenden S. 44 f. u. 58.

putaverunt[1]) lässt sich schliessen, dass er den Elementarunterricht noch vor dem 7. Jahre begonnen wissen will.[2])

II.

Nachdem wir den Ausgangspunkt der Erziehung kennen gelernt haben, betrachten wir ihr Ziel. Die institutio oratoria giebt uns auf unsere Frage nach dem Ziele der Erziehung verschiedene Antworten, ein einheitliches Resultat darf hier nicht erwartet werden; vielmehr ist eine gewisse Unbestimmtheit zu konstatieren, wenigstens in den hierher gehörigen gelegentlich auftretenden, nicht centralen Anschauungen. Unter diese gelegentlich gethanen Aeusserungen fällt die Forderung der Selbständigkeit des Schülers in intellektueller und moralischer Beziehung, wie sie ausgesprochen ist in den Worten: nam quid aliud agimus docendo eos quam ne semper docendi sint?[3]) Zur Begründung dieses Satzes wird auf die Tierwelt hingewiesen: die Vögel verteilen unter ihre zarten und schwachen Jungen das zusammengetragene Futter gleichmässig; sobald diese aber herangewachsen sind, lehren sie dieselben das Nest zu verlassen und ihr Nest zu umflattern, um sie schliesslich ganz ihrer

---

[1]) I. 1, 15.
[2]) Ueber die weiteren Stufen der Erziehung ist S. 11 ff. und 63 f. zu vergleichen.
[3]) II. 5, 13; vergl. II. 6, 6: nonnumquam credi sibi ipsos oportebet, ne mala consuetudine semper alienum laborem sequendi nihil per se conari et quaerere sciant; quodsi satis prudenter dicenda viderint, iam prope consummata fuerit praecipientis opera.

eigenen Kraft und ihrem eigenen Selbstvertrauen zu überlassen.[1])

Abgesehen von dieser erstrebenswerten Selbstständigkeit des Schülers erscheint an anderm Orte als Ziel der Erziehung möglichste Allseitigkeit; in möglichst viel Gebiete der Wissenschaft will er den Schüler eingeführt wissen: in die Grammatik, Rhetorik, Philosophie, Arithmetik, Musik, Geometrie und Astronomie, d. i. den Kreis der Wissenschaften, den die Griechen ἐγκύκλιος παιδεία[2]) nannten.[3])

Selbständigkeit und Allseitigkeit treten hier als Eigenschaften des Individuums auf; das Ziel der Erziehung ist demnach bei diesen beiden Forderungen individualistisch bestimmt; indessen dieses individualistisch bestimmte Ziel kann nicht im Centrum der pädagogischen Anschauung eines Römers stehen. Vielmehr finden wir an dieser Stelle die Rücksicht auf den Staat,[4]) das Bestreben, den Einzelnen zu einem brauchbaren Staatsbürger heranzubilden; das tritt uns bei Quintilian gerade recht deutlich entgegen; er schliesst ja seine pädagogische Theorie an die Erziehung zum Rednerberufe an und wertet diesen nach seiner Bedeutung für die Allgemeinheit, für den Staat: vir ille vere civilis et publicarum privatarumque

---

[1]) II. 6, 7; vergl. XII. 6, 7; tum dignum operae pretium venit cum inter se congruunt praecepta et experimenta. Aehnlicher Gedanke: XI, 3, 180: quare norit se quisque nec tantum ex communibus praeceptis, sed etiam ex natura sua capiat consilium formandae actionis.

[2]) Daraus entstand das jetzt in anderm Sinne gebrauchte Wort: Encyklopädie.

[3]) I. 10, 1.

[4]) cf. Cramer II. S. 559 ff.

administrationi accommodatus, qui regere consiliis urbes, fundare legibus, emendare iudiciis possit, non alius profecto quam orator.¹) Der Redner vertritt also die Interessen der Allgemeinheit, des Staats, und die Heranbildung zum Rednerberuf schwebt dem Quintilian als Hauptziel der Erziehung vor Augen: sagt er doch:²) nec aliter quam si mihi tradatur educandus orator studia eius formare ab infantia incipiam, oder mit andern Worten: Quintilian sieht im vollkommenen Besitz der eloquentia sein ideales Ziel der Erziehung. Unter eloquentia nun versteht er zunächst die Kunst gut zu reden,³) sie ist eine schwere Kunst, multo labore, assiduo studio, varia exercitatione, plurimis experimentis, altissima prudentia, praesentissimo consilio constat ars dicendi,⁴) aber auch eine herrlich erhabene⁵) und schöne Kunst: honesta ac rerum pulcherrima,⁶) und deshalb (honesta!) nur im Besitz von rechtschaffenen Menschen denkbar, einem Dogma gleichend klingt uns das Wort entgegen: ubi iniusta causa est, ibi rhetorice non est.⁷) An andern zahllosen Stellen, die alle anzuführen nicht angeht, finden

---

¹) I prooem. 10; zu vergleichen II. 16, 19: nam ut omittam, defendere amicos, regere consiliis senatum, populum, exercitum in quae velit ducere quam sit utile conveniatque bono viro.

²) I. prooem. 5.

³) II. 15, 38. 16, 11 u. a. Stellen.

⁴) II. 13, 15; cf. I, 1, 10 . . . cogitet oratorem institui, rem arduam . . . nam et studio perpetuo et praestantissimis praeceptoribus et plurimis disciplinis opus est.

⁵) regina rerum I. 12, 18.

⁶) I. 12, 16, II. 17, 3; besonders XII. 11, 1, woselbst der Rednerberuf ein opus sanctissimum genannt wird.

⁷) II. 17, 31; cf. 15, 1.

wir denselben Gedanken in anderer Form; er äussert sich da über die sittliche Beschaffenheit des idealen Redners und stellt uns überall die eloquentia und die probitas als unzertrennliches Schwesternpaar vor Augen.[1])

Um nun bis zu dieser ihm als Hauptziel der Erziehung vorschwebenden ideal aufgefassten eloquentia zu gelangen, muss man sich vor allem eines ernsten Sprachstudiums befleissigen; fragen wir, ob dieses Sprachstudium neben seinem obersten Ziele, der Eloquenz, noch andere äusserliche und unwesentliche Zwecke verfolgt oder mit andern Worten, ob es, um modern zu reden, als Brotstudium zu betrachten ist. Quintilian ist unleugbar ein ideal angelegter Geist, das tritt uns in jedem Buche seiner institutio oratoria deutlich vor Augen, und als solcher huldigt er dem Utilitarismus nicht; wir erhalten also auf unsre Frage eine verneinende Antwort. Dass er sich damit in den Gegensatz zur herrschenden Praxis stellte, welche utilitaristische Principien hatte, beweisen verschiedene Aussprüche, die nicht nur ein helles Licht auf die Gebrechen seiner Zeit werfen, sondern auch auf die Reinheit seines Charakters schliessen lassen; ruft er doch gewissermassen vorwurfsvoll seiner Zeit entgegen: neque enim operis amor est nec quia sit

---

[1]) I. prooem. 9—11. 17, 18. I. 2, 3. II. 20, 4. 9. 21, 12; in besonders reichem Maase aber im 1. Kap. des XII. Buches; freilich hat seine Moral eine etwas trübe Färbung, da er es mit der Sittlichkeit für vereinbar hält, die Wahrheit unter gewissen Umständen zu verschweigen und das damit entschuldigt, nicht auf die Handlung selbst, sondern auf ihre Beweggründe komme es an; cf. XII. 1, 36. II. 17, 20 ff.

honesta ac pulcherrima rerum eloquentia petitur ipsa, sed ad venalem usum et sordidum lucrum accingimur.[1] Diesen Utilitarismus verurteilt er als eine Unsittlichkeit, wenn er sagt: ut primum lingua esse coepit in quaestu institutumque eloquentiae bonis male uti, curam morum, qui diserti habebanter, reliquerunt.[2] Gänzlich durchdrungen von der Wahrheit dieses Gedankens fordert er konsequent an anderer Stelle vom Redner, er solle sich seine Dienste nur im äussersten Notfalle vergüten lassen; denn: wer weiss denn nicht, dass es den Grundsätzen der Ehre, der Würde der freien Wissenschaft und der von uns geforderten Gesinnung weitaus am meisten entspricht, unsere Dienste nicht zu verkaufen und nicht den Wert so grosser Wohlthaten zu verringern, da ja das Meiste eben darum geringere Geltung zu haben scheint, weil es seinen Preis hat? das sieht auch ein Blinder, und keiner, der nur ausreichende Mittel besitzt, und dazu gehört nicht viel, wird ohne den Vorwurf schmutziger Gesinnung derartigen Erwerb suchen.[3] Der Lohn soll nicht im Advokatensolde gesucht werden, sondern in der Befriedigung, den die Beschäftigung mit jedweder Wissenschaft gewährt: das ist der beste Lohn, er allein ist der beständige und unabhängig vom Zufalle:[4] beseelt von diesem idealen Gedanken ruft er am Schlusse seines Werkes aus: ipsam igitur orandi maiestatem .... toto animo petamus.[5] Führwahr, eine bewunderns-

---

[1] I. 12, 16.
[2] I. prooem. 13.
[3] XII. 7. 8. 9.
[4] I. 12, 18. II. 18, 4. cf. X. 7, 17.
[5] XII. 11, 30.

werte Gesinnung, zumal in jener Zeit der Sittenlosigkeit![1]

Also nicht um einst zu Reichtum und Würden zu gelangen, soll der künftige Redner seine Studien betreiben, sondern um der Sache selbst willen; er soll sich vom idealen Realismus leiten lassen; denselben Gedanken finden wir dort, wo er das möglichst frühzeitige Erlernen der griechischen Sprache begründet: alles was auf geistigem Gebiete wertvoll ist, findet sich im Griechentume als seiner Quelle; Sprachstudien sind also zu treiben, um die verschiedenen Wissenschaften[2] in ihrer Quelle kennen zu lernen.[3]

Jedoch man würde Quintilian Unrecht thun, wollte man hier stehen bleiben, wo die Sprache nur als Mittel zum Zweck erscheint; während nämlich einerseits das wesentliche, innerliche Ziel der unterrichtlichen Behandlung der Sprachen der Theorie nach vom Utilitarismus gar nicht und vom Realismus nur zum Teil bestimmt ist, haben wir andererseits im Wesen der Sprache selbst den Grund für die Sprachstudien. Hatten wir schon an früherer Stelle Gelegenheit, die Rücksicht Quintilians auf das Aesthetische hervorzuheben, so müssen wir ebendasselbe auch hier thun;[4] abgesehen davon, dass er für diese rein ästhetische Seite der Sprache Interesse hat, erscheint sie ihm auch als Zeichen der Menschlichkeit: et hercule deus ille

---

[1] Freilich scheint diese Theorie der Praxis zu widersprechen, da Quintilian sich durch seinen Lehrerberuf ein Vermögen erworben hat. cf. Juven. VII. 186. (tempora mutantur.)

[2] cf. ἐγκύκλιον παιδεία I. 10, 1.

[3] I. 1, 12.

[4] Vergl. I. 5, 4. 10, 22—26. II. 5, 5. 10—12.

princeps rerum fabricatorque mundi nullo magis hominem separavit a ceteris quae quidem mortalia sunt animalibus quam dicendi facultate.[1]) Die Tiere übertreffen ja in gewisser Beziehung den Menschen, z. B. an Grösse, Kraft, Ausdauer und Schnelligkeit des Körpers und bedürfen weniger von aussen her geholter Hülfe, von Natur können sie früher gehen, ihre Nahrung suchen, über ein Wasser schwimmen u. a. m. Zum Ersatze dafür haben wir die Vernunft; indessen sie würde uns nicht soviel helfen, könnten wir das Gedachte auch nicht aussprechen; und das fehlt eigentlich den übrigen Geschöpfen mehr als ein gewisses Verständnis uud Vorstellungsvermögen.[2]) Die Sprache gilt ihm also als Zeichen der Menschlichkeit, der Humanitas im ursprünglichen Sinne; sie ist das herrlichste Geschenk, das die Götter den Menschen verliehen haben, qua remota muta suut omnia et luce praesenti ac memoria posteritatis carent,[3]) und deshalb hebt er sie hoch über alles Irdische empor, sie erscheint ihm als die Verkünderin des Geistes,[4]) als der mächtige Strom, der seinen Quell im menschlichen Denkvermögen besitzt. Deshalb ist die Sprache nicht allein als Mittel zum Zwecke anzusehen, sondern um ihrer selbst willen zu treiben.

Fragen wir nun nach der Art der Sprache, in der sich die als Ziel der Erziehung aufgestellte eloquentia auswirken soll. In Betracht kommen könnte ausser

---

[1]) II. 16, 12.
[2]) II. 16, 13—18.
[3]) XII. 11, 30.
[4]) XI. 3, 62 ff.

der Muttersprache des jungen Römers das Griechische, das ja nicht nur zu gleicher Zeit mit jener, sondern sogar vor ihr gelehrt werden soll[1]) und von Quintilian nicht bloss aus ästhetischen Gründen sehr hoch geschätzt wird; er sagt einmal: die griechische Sprache ist umsoviel angenehmer als die lateinische, dass unsere Dichter, wollen sie einem Gedichte Anmut verleihen, es mit Namen aus jener ausschmücken,[2]) und: wer von den Lateinern die Reize der attischen Sprache erwartet, der gebe mir denselben Wohllaut der Sprache und den gleichen Vorrat der Worte;[3]) hierin nennt er einen zweiten Vorzug als Grund seiner Wertschätzung der griechischen Sprache, ihren Wortreichtum; indessen die Rücksicht darauf, dass der zum Redner zu erziehende Zögling sich doch wohl einst im römischen Staatswesen als solcher bethätigen wird, bestimmt Quintilian, bei den Schulvorträgen nur die lateinische Sprache zur Geltung kommen zu lassen — bei seiner hohen Wertschätzung des griechischen sollte man auch Uebungsvorträge in griechischer Sprache erwarten —, wenn er auch neben lateinischer die Lektüre griechischer Autoren um ihrer vorbildlichen Bedeutung[4]) nach Inhalt und Form willen nachdrücklich fordert;[5]) in der Muttersprache soll die Eloquenz erreicht werden, an und für sich wäre ja auch die griechische dazu geeignet gewesen.

---

[1]) I. 1, 12.
[2]) XII. 10, 33.
[3]) XII. 10, 35.
[4]) X. 1, 105.
[5]) X. 1, 46—84.

Wie soll nun das Latein beschaffen sein, in dem sich die Eloquenz auszuwirken hat? Von grösster Bedeutung ist ihm bei der Beantwortung dieser Frage der Sprachgebrauch, unter dem er den consensus eruditorum versteht;[1]) er muss die Norm bilden für die Art des anzuwendenden Lateins; an der Spitze dieser eruditi unter den Schriftstellern, nach deren Sprache wir unsere eigene bilden sollen, steht Cicero; deshalb giebt er auch für die Auswahl der Lektüre den guten Rat: Cicero ... et iucundus incipientibus quoque et apertus est satis, nec prodesse tantum, sed etiam amari potest: tum, quemadmodum Livius praecipit, ut quisque erit Ciceroni simillimus.[2]) Die Lektüre älterer (genannt sind die Gracchen und Cato) und neuerer Schriftsteller ist erst dann zu treiben, wenn der Zögling imstande ist, das Gelesene selbständig nach seinem Werte zu beurteilen. Beide, Alte und Neue, haben ihre Vorzüge, aber auch ihre Fehler.[3]) Den Grund, der ihn bewegt, gerade ciceronianische Lektüre zu empfehlen, deutet er uns an, wenn er als formales Ziel des Sprachstudiums die Forderung aufstellt: der Ausdruck sei richtig lateinisch, treffend und geschmackvoll.[4])

Hiernach könnte es scheinen, als ob Quintilian ein Vertreter des Formalismus sei, als ob die Lektüre nur um des Ausdrucks, um der Worte willen getrieben

---

[1]) I. 6, 45.

[2]) II. 5, 20 und X. 1, 39; dieses cp enthält § 27 bis § 131 ein ausführliches Verzeichnis der für die Lektüre empfehlenswerten griechischen und lateinischen Autoren.

[3]) II. 5, 21—26.

[4]) VIII. prooem. 31.

werden solle; dem ist nur scheinbar so; andre Stellen belegen das, wo nicht nur Inhalt und Form als gleichbedeutend hingestellt[1]) werden, sondern wo jener auch über diesen gesetzt wird: man mag immerhin, so heisst es, möglichst grosse Sorgfalt auf den Ausdruck verwenden; nur mag man nie vergessen, dass die Worte einzig und allein der Gedanken wegen da sind, und dass wir daher niemals etwas um der blossen Worte willen thun dürfen.[2]) Hiermit aber zeigt er sich uns als Feind des Formalismus.[3])

Neben dem intellektuellen Ziele der Eloquenz steht noch ein anderes, ihm nicht minder wichtiges; der Mensch ist ja nicht nur mit Vernunft begabt, sondern besitzt auch gewisse Tugendkeime von Natur;[4]) diese sittliche Veranlagung muss bei der Erziehung nicht minder berücksichtigt werden als die intellektuelle; mit der sittlichen Veranlagung ist also neben der Möglichkeit[5]) auch die Notwendigkeit der Erziehung zur Sittlichkeit gegeben, die in folgenden Worten hervorgehoben wird: cetera admonitione magna egent, in primis, ut tenerae mentes . . . non modo quae diserta sed vel magis quae honesta sunt discant.[6]) Damit ist zugleich eine Wertschätzung der sittlichen gegenüber der wissenschaftlichen Bildung gegeben: jene steht über dieser, eine Anschauung, die sich auch

---

[1]) I. 4, 4.
[2]) VIII. prooem. 32.
[3]) Aehnlicher Gedanken I. 3, 1; ebenso I. 4, 5.
[4]) II. 20, 6. 7.
[5]) I. 3, 12: nulla videatur aetas tam infima quae non protinus quid rectum pravumque sit discat.
[6]) I. 8, 4.

sonst bei Quintilian findet[1]) und seiner Gesinnung ein treffliches Zeugnis ausstellt. Fragen wir, was er unter dem Sittlich-Guten versteht, so erhalten wir zur Antwort:[2]) Gerechtigkeit, Pietät, Frömmigkeit und was sonst diesem ähnlich ist. Diese Tugenden, die in ihrem Keime von Natur schon im Menschen vorhanden sind, soll die Erziehung zur weiteren Entfaltung bringen.

Zwei Hauptziele der Erziehung also kennt Quintilian: wissenschaftl. Bildung und Sittlichkeit, und diese beiden Ziele stellt er keineswegs unverbunden nebeneinander, sondern setzt sie in gegenseitige Beziehung; man kann nun eine rein äusserliche Verbindung von einer mehr innerlichen wohl unterscheiden, er sucht das Ziel der Sittlichkeit einerseits dadurch zu erreichen, dass er alles Unsittliche aus dem Gesichtskreise des Zöglings entfernt, andrerseits nur Sittlich-Gutes der Seele eingeprägt wissen will. Diese beiden Gesichtspunkte sind ihm bei der Auswahl der Lektüre ausschlaggebend:[3]) ego optimos quidem et statim et semper, sed tamen eorum candidissimum quemque et maxime expositum velim,[4]) und auch bei der Aus-

---

[1]) cf. I. 3, 2: non peius duxerim tardi ingenii esse quam mali.

[2]) II. 4, 38; über das Verhältnis vom honestum und utile, cf. III. 8, 1. 3. XI. 1, 8—15.

[3]) I. 8, 6: utiles tragoediae, alunt et lyrici, si tamen in his non tamen auctores modo, sed etiam partes operis elegeris; nam et Graeci licenter multa et Horatium nolim in quibusdam interpretari, elegea vero, utique quae amat, et hendecasyllabi, qui sunt commata sotadeorum amoveantur, si fieri potest, si minus, certe ad firmius aetatis robur reserventur.

[4]) II. 5, 19; cf. X. 1, 20: ac diu non nisi optimus quisque et qui credentem sibi minime fallat etc.

wahl der Schriftproben, die im Elementarunterricht geliefert werden: ii quoque versus, qui ad imitationem scribendi proponentur, non otiosas velim sententias habeant, sed honestum aliquid monentis; prosequitur haec memoria in senectutem et inpressa animo rudi usque ad mores proficiet.[1]) Dadurch verbindet Quintilian die beiden Hauptziele der Erziehung auf äusserliche Art. Daneben aber ist ein innerlicher Zusammenhang zwischen wissenschaftlicher Bildung und Sittlichkeit nicht zu verkennen; betrachten wir nämlich Aussprüche wie: est enim eloquentia una quaedam de summis virtutibus,[2]) si studiis quidem scholas prodesse, moribus autem nocere constaret, potior mihi ratio vivendi honeste quam vel optime dicendi videretur; sed mea quidem sententia iuncta ista atque indiscreta sunt: neque enim esse oratorem nisi bonum virum iudico,[3]) oder Gedanken wie dieser: eine Teilung zwischen eloquentia und Herzensbildung ist nicht möglich,[4]) so ergiebt sich daraus ohne Weiteres, dass Quintilian unter eloquentia nicht etwas Einfaches, sondern etwas Zusammengesetztes versteht, nämlich „geistige Anlage und Redegabe, verbunden mit Tugend und Weisheit".[5]) In diesem inhaltsreichen Worte eloquentia liegt also das sittliche Ziel der Erziehung mit eingeschlossen und in dem Worte eloquentia selbst ist die innerliche Verbindung von wissenschaftlicher Bildung und Sittlichkeit zu suchen.

---

[1]) I. 1, 35. 36.
[2]) II. 20, 9, entlehnt von Cicero.
[3]) I. 1, 3.
[4]) I. prooem. 14. cf. 18; vergl. Cramer II. S. XLVII.
[5]) Tögel: Die pädagogischen Anschauungen des Erasmus etc. 1896.

Der Lehrer, der den Schüler zur eloquentia hinführen soll, muss nach dem Vorhergehenden natürlich beides, wissenschaftliche Bildung und Sittlichkeit in seiner Person vereinigen; dies fordert Quintilian des öfteren;[1] bei der Wahl des Aufsehers schon muss man die nötige Rücksicht auf seine Sittlichkeit nehmen und bezüglich des Lehrers gilt das erst recht;[2] er ist der studiis moribusque praepositus[3] vom Kinde und muss daher selbst einen sittenreinen Charakter haben — darauf richten vorsichtige Eltern ihr Hauptaugenmerk[4] — und auch wissenschaftlich möglichst gebildet sein;[5] also auch im Lehrer treten uns die beiden Hauptziele der Erziehung vereint entgegen.

Dass gerade auf den moralischen Charakter der Wärterinnen und Diener, mit denen das Kind die erste Zeit seines Lebens in enge Berührung kommt, grosses Gewicht gelegt wird, zeigt uns, wie ungemein wichtig Quintilian die erste Erziehung im Elternhause erscheint. „Wenn Quintilian auch weiter kein Verdienst hätte als dasjenige, die hohe Bedeutung des Elternhauses und die ersten Eindrücke für die sittliche und sprachliche Bildung des Kindes den Römern zum Bewusstsein gebracht zu haben, so würde er schon als Pädagog alle Achtung verdienen. Aber das Elternhaus ist ja nur die erste Station auf dem Wege zu seinem erhabenen Ziele. Sobald die Knaben mit

---

[1] Ausführlich hierüber Biel S. 12—19. cf. II. 2, 1. 3—5.
[2] I. 3, 17. II. 2, 3.
[3] II. 2, 14.
[4] I. 2, 5.
[5] II. 3, 1—6, woselbst er eindringlich davor warnt, den Schüler einem Lehrer zu überlassen, der wissenschaftlich wenig leistet.

Ernst zu lernen beginnen und es sich um Mitteilung bestimmter und zusammenhängender Kenntnisse handelt, sobald die Erziehung den Charakter des Unterrichts annimmt, müssen andere Kräfte zu den ersten und natürlichen Erziehern des Kindes hinzukommen. Welche? Bei uns: die Erziehung vom Fach in öffentlichen Schulen; im Altertume war das nicht so selbstverständlich";[1] denn da lag der Unterricht meist in den Händen von Privatlehrern; man schreckte vor öffentlichen Schulen zurück; Quintilian giebt als Grund hierfür zweierlei an: man meinte, die öffentlichen Schulen leisteten der Unsittlichkeit Vorschub, und der Massenunterricht mache die gehörige Berücksichtigung des Einzelnen unmöglich, beide, das sittliche wie das wissenschaftliche Bedenken gegen den öffentlichen Schulunterricht weist Quintilian als unbegründet zurück, bezüglich des ersten erinnert er daran, dass die Jugend nicht in der Schule, sondern schon im Hause selbst sittlich verdorben würde: schlechte Sklaven, unsittliche Lehrer, ja die Eltern selbst tragen die Schuld daran: nostras amicas, nostros concubinos vident, omne convivium obscenis canticis strepit, pudenda dictu spectantur; fit ex his consuetudo, inde natura; discunt haec miseri antequam sciant vitia esse: inde soluti ac fluentes non accipiunt ex scholis mala ista, sed in scholas adferunt.[2] Bezüglich des zweiten Bedenkens sucht er darzuthun, dass das Gegenteil der Behauptung verum in studiis magis

---

[1] Biel S. 41.
[2] I. 2, 8.

vacabit unus uni¹) der Fall sei; denn ein beständiges Ueberwachen des Schülers durch den Hauslehrer schadet dem Schüler insofern, als er nicht selbständig denken und arbeiten lernt. Während ferner in den öffentlichen Schulen, wo die Geselligkeit gepflegt wird und der Knabe sich bereits auch einen gewissen Grad von geselligem Takte aneignen kann, dem kindlichen Geiste mehr Anregung zu teil wird, ermattet er bei der Absonderung, die im Privatunterrichte stattfindet, und rostet ein oder im Gegenteil: er bläht sich auf und hält zu viel auf sich selbst, weil jeder Vergleich mit andern ausgeschlossen ist; und wenn dann der Zögling schliesslich einmal als Redner auftreten soll, dann zeigt er ängstliche Scheu, weil er in der Einsamkeit gelernt hat, was unter Vielen gethan werden muss. Im Hause lässt sich auch der edle Wetteifer nicht in der Weise mit für den Unterricht verwerten, wie es in der öffentlichen Schule geschieht, wo der einzelne es für schimpflich hält, dem Gleichen nachzustehen, und für lobenswert, Aeltere zu übertreffen.²) Dieser Wetteifer, sagt er, habe ihn selbst als Schüler weit mehr zum eifrigen Studium der Beredsamkeit angefeuert, als die Ermahnungen der Lehrer, die Aufsicht der Pädogogen und die Wünsche der Eltern; weiter kann der Zögling im Privatunterricht nur das lernen, was der Lehrer an ihn selbst richtet; in der öffentlichen Schule aber auch das, was zu den Mitschülern gesprochen wird; er wird hier vieles billigen, vieles verbessern hören; Lob und

---

¹) I. 2, 9.
²) I. 2, 25.

Tadel fleissiger und träger Schüler wird ihm ebenfalls nützen, und schliesslich wird noch die Thatsache erwähnt, dass dem Elementarschüler die Nachahmung von Mitschülern leichter fällt als die des Lehrers. Der öffentliche Unterricht ist also für den Schüler von grösserem Vorteil als der Privatunterricht; ebenso aber auch für den Lehrer; die fortgesetzte Ueberwachung und andauernde Beschäftigung mit einem einzigen Schüler muss beim gebildeten Lehrer — gewöhnlich aber übernehmen die Unfähigen im Gefühle ihrer Schwäche das Amt eines Hauslehrers und halten es nicht unter ihrer Würde, den Dienst der Pädagogen zu versehen[1]) Langeweile hervorrufen und Sehnsucht nach Abwechselung;[2]) infolgedessen wird er den Unterricht dem Einzelnen nicht ohne Unlust erteilen; dagegen bereitet jedem guten Lehrer ein zahlreicher Besuch seines Unterrichts Freude und erfüllt ihn mit Begeisterung und Eifer für seine Sache. Das aber wird den Unterricht selbst in günstigem Sinne beeinflussen und den Schülern zu gute kommen.[3])

Aus diesen Gründen ist der Schulunterricht dem Privatunterrichte unbedingt vorzuziehen; weder Sittlichkeit noch wissenschaftliche Bildung leidet unter ihm.

---

[1]) I. 2, 10.
[2]) Auch der Schüler hat sie nötig I. 2, 11. 29. 31.
[3]) Ueber Privat- oder Schulunterricht cf. I. 2.

III.

Als die beiden Hauptziele der Erziehung haben wir wissenschaftliche Bildung und Sittlichkeit kennen gelernt; diesen beiden Zielen müssen auch zwei Wege entsprechen, die zu ihnen führen. Vergleichen wir nun zunächst das Verhältnis der Ziele mit dem der Wege; dort bei den Zielen war ein doppelter Zusammenhang, ein äusserer und ein innerer zu konstatieren; hier bei den Wegen zum Ziele fehlt der innere Zusammenhang, vorhanden ist nur der äussere; er ist beim Schreib- und beim Leseunterricht zu erkennen; in beiden Disziplinen nimmt man bei der Auswahl der Stoffe mit Rücksicht auf die sittliche Erziehung, im Uebrigen aber finden sich keine Berührungspunkte weiter zwischen Unterrichts- und Erziehungsmethode.

Da nun für Quintilian das Hauptgewicht auf dem Unterrichte und dessen erzieherischer Wirkung liegt — die Erziehung im engeren Sinne betrachtet er als Aufgabe des Hauses — haben wir uns hier in der Hauptsache mit der Unterrichtsmethode zu befassen; er versteht unter Methode die Kunst, die etwas auf einem bestimmten Wege zu stande bringt,[1]) und er kennt ihren Wert für den Unterricht aus seiner zwanzigjährigen Lehrerpraxis; er schätzt sie hoch als den kürzesten Weg, der zum Unterrichtsziele führt,[2]) er bezeichnet sie auch als das wichtigste Moment beim Unterricht.[3]) Ueber ihre Beschaffenheit äussert er sich folgendermassen: Dieser Weg, der am schnellsten

---

[1]) II. 17, 41.
[2]) I. 1, 24.
[3]) II. 3, 6.

zum Ziele führt, muss eben sein und darf für den, der ihn betritt, und der ihn zeigt, keine Schwierigkeiten haben.[1]

Die Methode ist das wichtigste Moment beim Unterricht, denn auf ihr beruht zum grossen Teil sein Erfolg. Dieser muss ein um so besserer genannt werden, je schneller der Unterrichtsstoff in den dauernden geistigen Besitz des Schülers übergegangen ist; dazu kann es aber nur durch eine innerliche Aneignung des Unterrichtsstoffes kommen, die nicht bloss in gedächtnissmässigem Auswendiglernen von Worten besteht, sondern die das im Unterrichte Gebotene gewissermassen in Fleisch und Blut des Schülers übergehen lässt. Eine solche innerliche Aneignung oder Apperception des Stoffes verlangt auch Quintilian; er führt uns das unmittelbar und auch mittelbar zum Bewusstsein; denn er spricht jene Forderung der Apperception des Unterrichtsstoffes teils direkt aus,[2] teils blickt sie durch zahlreiche Bemerkungen der Art hindurch, dass blosse Worte nichts nützen, denn das Wesen ihres Inhalts muss man erfasst haben.

Soll es nun zu der gewünschten Apperception des Unterrichtsstoffes kommen, dann muss der Schüler dem Unterrichte mit Lust und Liebe folgen, er muss ihm Interesse entgegenbringen, er muss die Studien, mit denen er sich beschäftigt, gerne treiben.[3] Freilich kann man vom Kinde noch nicht verlangen, dass es die Wissenschaft um ihrer selbst willen liebe. Darauf

---

[1] VIII. prooem. 3. cf. II. 2, 5.
[2] I. 2, 30: hunc (animum) affici, hunc concipere imagines et transformari quodam modo ad naturam eorum, de quibus loquitur, necesse est.
[3] II. 9, 1.

aber muss der Lehrer hinarbeiten, und zwar zunächst dadurch, dass er das Gegenteil, Unlust, zu verhüten sucht; in diesem Sinne sagt Quintilian: ich bin der Altersstufen nicht so unkundig, dass ich meinte, das zarte Kindesalter müsse sogleich hart angefasst werden oder man dürfe volle Anstrengung von ihm verlangen: nam id in primis cavere oportebit ne studia qui amare nondum potest oderit et amaritudinem semel perceptam etiam ultra rudes annos refomidet; lusus hic sit.[1]) Denn was man mit Widerwillen thut, verursacht grosse Mühe.[2]) Abgesehen aber von der spielenden Behandlung des Unterrichtsstoffes muss dieser selbst klar zugeschnitten und möglichst knapp bemessen sein;[3]) auch das wird fördernd auf das Interesse des Schülers für den Unterricht einwirken; bei alledem aber ist in erster Linie vorausgesetzt, dass der Schüler Liebe zum Lehrer habe; ohne diese ist jenes Interesse undenkbar;[4]) die Liebe des Schülers aber zum Lehrer beruht auf der Stellung, die dieser zu jenem nimmt; der Lehrer soll sich herablassen zum Schüler und selbst wieder Kind werden;[5]) aus diesem Gedankenkreise heraus sagt er: der Lehrer soll nicht nur beredt, sondern auch einsichtsvoll sein und wohl kundig des Unterrichtens, sodass er es versteht, sich den Fähigkeiten des Schülers anzupassen: ut velocissimus quoque, si forte iter cum parvulo faciat det manum et gradum

---

[1]) I. 1, 20.
[2]) XII. 11, 12.
[3]) cf. X. 5, 22 und die Aeusserung simplex in docendo (sit magister) II. 2, 5.
[4]) II. 2, 8.
[5]) I. 2, 27.

suum minuat nec procedat ultra quam comes possit;[1] denn der Schüler erfasst am leichtesten, was seinem Gesichtskreise am nächsten liegt: wie auch die Reben an den Bäumen zuerst die unteren Zweige erfassen und dann zum Gipfel emporsteigen.[2] Damit der Lehrer nun dieser Forderung der Anpassung genügen kann, muss er vor allem die Individualität eines jeden Schülers kennen; er prüfe deshalb die geistigen Anlagen[3] des Schülers und treffe nach dem Ergebnis dieser Prüfung seine Massnahmen.[4] Beim Unterricht soll er sich nicht sowohl vom Pflichtgefühl leiten lassen, als vielmehr von der Zuneigung zu seinen Schülern;[5] er hege gegen sie eine väterliche Gesinnung und betrachte sich als den Vertreter ihrer Eltern.[6] Deshalb sei seine Strenge nicht finster, seine Freundlichkeit aber auch nicht leichtfertig, denn aus jener erwächst ihm Hass, aus dieser Missachtung.[7] Jähzornig darf er am wenigsten sein, er habe vielmehr Geduld zur Arbeit und zeige sich mehr ausdauernd als masslos.[8] Das Verhältnis zwischen Lehrer und Schüler soll eine Art Freundschaftsverhältnis sein, ja ein Verwandtschaftsverhältnis auf geistigem Gebiete: der Schüler soll im Lehrer seinen geistigen Vater erblicken; nicht weniger als die Studien selbst soll er

---

[1] II. 3, 7.
[2] I. 2, 26.
[3] II. 8, 6: nam proprietates ingeniorum dispicere prorsus necessarium est; vergl. S. 30. 31.
[4] I. 3, 1—7.
[5] I. 2, 15.
[6] II. 2, 4.
[7] II. 2, 5.
[8] II. 2, 5.

ihn lieben.¹) Ein Unterricht, bei dem alle diese Bedingungen erfüllt sind, muss reiche Früchte tragen: die Apperception des Unterrichtsstoffes ist bei entsprechender geistiger Beanlagung des Schülers so gut wie gesichert; diese freilich muss vorhanden sein: nam ut illorum (i. e. praeceptorum) officium est docere, sic horum (i. e. discipulorum) praebere se dociles: alioqui neutrum sine altero sufficit;²) nur durch einträchtiges Zusammenwirken von Lehrer und Schüler kann der Unterricht also gedeihen und zu dem vorgesteckten Ziele der Eloquenz führen.³) In demselben Grade nun wie das Interesse für den Lehrer wächst, nimmt auch das Interesse für den Unterricht zu,⁴) und schliesslich muss es soweit kommen, dass dieses allein vorherrscht und die Wissenschaft um ihrer selbst willen getrieben wird; das ist ja das ideale Ziel, das Quintilian vor Augen schwebt.⁵)

Abgesehen von den bisher erwähnten Forderungen unterlässt es Quintilian auch nicht, das mittelbare Interesse für Unterrichtszwecke mit zu verwerten; man spare das Lob nicht,⁶) halte aber auch mit dem Tadel nicht zurück,⁷) wirke also auf das Ehrgefühl des Kindes ein.⁸) Freilich hat der Lehrer hier sorgsam darauf zu achten, dass nicht durch Lob Hochmut,

---

[1] II. 9, 1.
[2] II. 9, 3.
[3] ibidem.
[4] II. 9, 2 und 2, 8.
[5] XII. 11, 30: ipsam igitur orandi majestatem ... petamus.
[6] I. 1, 20.
[7] I. 2, 21.
[8] I. 1, 20.

durch Tadel Kleinmut entsteht; denn dann wirken die Mittel, die ein erfahrener Pädagog zum Heile des Schülers anwendet, zu seinem Schaden; darum mahnt er: in laudandis discipulorum dictionibus nec malignus nec effusus, quia res altera taedium laboris, altera securitatem parit; in emendando quae corrigenda erunt non acerbus minimeque contumeliosus: nam id quidem multos a proposito studendi fugat, quod quidam sic obiurgant, quasi oderint.[1]

Das durch die Furcht vor körperlicher Strafe hervorgerufene Interesse am Unterricht schliesst Quintilian in seinen Forderungen gänzlich aus; er redet zwar einer möglichst strengen Schulzucht das Wort,[2] aber den Stock will er aus der Hand des Lehrers verbannt wissen;[3] denn Schläge erscheinen ihm sklavisch und beleidigend; sie nützen nach seiner Meinung bei Knaben von so niedriger Gesinnung, dass sie durch Verweise nicht gebessert werden können, nichts, weil solche gleich allen schlechten Sklaven auch gegen Schläge verhärtet werden.[4]

Mittelbar also soll der Lehrer durch Lob und Tadel, durch Erregen von Hoffnung auf bessere Erfolge, durch die Furcht von anderen übertroffen und beschämt zu werden, Interesse für den Unterricht hervorrufen; der Schüler aber muss dem Lehrer Achtung und Liebe entgegenbringen, für den Unterricht Interesse zeigen und ein möglichst stark ausgebildetes

---

[1] II. 2, 6. 7. cf. 4, 10. 12. 13.

[2] I. 2, 5.

[3] I. 3, 15; damit stellt er sich in Gegensatz zur Praxis seiner Zeit cf. Biel S. 45, 46.

[4] I. 3, 14.

Ehrgefühl[1]) besitzen. Ist dies alles vorhanden, so kommt es gewiss zu der gewünschten Apperception des Unterrichtsstoffes, vorausgesetzt, dass auch die Art und Weise, den Unterrichtsstoff an den Schüler heranzubringen, die rechte ist.

Der Unterrichtsstoff muss konkret, lebensvoll, anschaulich dargeboten werden, wie es uns bei der speziellen Methode des Lesenlernens am deutlichsten entgegentritt, und wie es Quintilian andeutet durch die Bemerkung: Es werden zwar über das Kriegswesen gewisse allgemeine Vorschriften erteilt, es wäre aber von grösserem Nutzen zu wissen, wie ein einzelner Anführer, beeinflusst durch die zeitlichen und örtlichen Verhältnisse, verfahren ist: nam in omnibus fere minus valent praecepta quam experimenta.[2]) Anschaulich und konkret soll also verfahren werden beim Unterrichten,[3]) vom sinnlich Wahrnehmbaren will Quintilian ausgegangen wissen.

Darüber, dass bei der Auswahl des Stoffes die Rücksicht auf die Sittlichkeit das leitende Motiv sein solle, ist schon gelegentlich der Aeusserungen über die Auswahl der Lektüre gesprochen worden; der Auswahl nach diesen sittlichen Gesichtspunkten hin hat die rechte Anordnung des Unterrichtsstoffes zu folgen. Dem noch unentwickelten Geiste ist der leicht fassliche,[4]) dem gekräftigten der schwerer zu verarbeitende Stoff zu bieten; darum muss es die Aufgabe des Lehrers

---

[1]) Ueber dessen pädagog. Wert cf. S. 49. 50. (I. 2, 25.)
[2]) II. 5, 15.
[3]) cf. X. 1, 15: nam omnium quaecumque docemus . . . . sunt exempla potentiora etiam ipsis quae traduntur artibus.
[4]) I. 1, 22: minora etiam facilius minores percipiunt.

sein, wenn anders er das Nützliche dem Prunkenden vorzieht, bei der Behandlung noch unentwickelter Geister die Schwäche des Lernenden nicht gleich zu überladen, sondern seine Kraft zu zügeln und zu der Fassungskraft des Schülers herabzusteigen,[1]) der dargebotene Stoff soll eben eines jeden Kräften entsprechen.[2]) Denn wie Gefässe mit enger Oeffnung die im Uebermass hineingeschüttete Flüssigkeit zurückstossen, von dem aber, was allmählich hineinfliesst oder auch hineingeträufelt wird, sich anfüllen, ebenso ist es beim menschlichen Geiste: was über die Fassungskraft hinausgeht, dringt nicht ein in den zur Aufnahme gleichsam nicht weit genug offnen Geist.[3]) In diesen Worten liegt eine doppelte Forderung: der Stoff soll qualitativ und quantitativ dem kindlichen Geiste angepasst werden; vor einem Allzuviel[4]) muss der Lehrer sich sorgsam hüten, aber auch vor einem Allzuwenig;[5]) die goldene Mittelstrasse ist auch hier das Richtige.

Der Begründung seiner Forderung bezüglich der Stoffauswahl fügt er noch etwas hinzu; er fühlt die Notwendigkeit eines stufenmässigen Aufbaues des Unterrichtsstoffes und dringt deshalb darauf, den Bau auf geistigem Gebiete mit dem Kleinen zu beginnen[6]) und ihn mit dem Grossen fortzusetzen oder das Grössere durch das Kleinere vorzubereiten. Diesen Gedanken

---

[1]) I. 2, 27.
[2]) II. 6, 5.
[3]) I. 20, 28.
[4]) I. 1, 32 warnt vor einer Uebereilung im speziellen Fache des Lesens.
[5]) II. 4, 5. 7. 8.
[6]) I. 1, 22 minora facilius minores percipiunt.

wenigstens lese ich aus den Worten heraus: ego cum existimem nihil arti oratoriae alienum . . . . . nec ad ullius rei summam nisi praecedentibus initiis perveniri, ad minora illa, sed quae si neglegas, non sit maioribus locus, demittere me non recusabo.[1])

Ist der Stoff nun sorgfältig ausgewählt, so gilt es, ihn an den Geist des Schülers heranzubringen. Das soll ebenfalls in stufenmässigem Fortschritt, doch nicht in der Weise geschehen, dass der Unterricht eintönig und langweilig wird; im Gegenteil muss für eine gewisse Abwechselung gesorgt werden: das verlangt schon die Natur des menschlichen Geistes; der ist so beweglich und behend, schaut so nach allen Seiten hin, dass er gar nicht im stande ist, nur eins allein zu treiben, sondern auf Mehreres nicht nur an demselben Tage, sondern sogar in demselben Zeitmomente seine Kraft aufwendet.[2]) Gerade die Mannigfaltigkeit gewährt ja dem Geiste Abwechselung und Erholung, es fällt ihm sehr schwer, bei einer einzigen Arbeit auszuharren. So ruht er z. B. bei der Lektüre vom Schreiben aus, und der Ueberdruss hierin wird wiederum durch den Wechsel gehoben.[3]) Wie viel wir auch schon gethan haben mögen, wir sind doch gewissermassen wieder frisch für das, was wir eben erst beginnen. Veränderung belebt von Neuem; es ist mit der geistigen Nahrung wie bei den leiblichen Speisen, durch deren Verschiedenheit der Magen gestärkt und durch deren Mehrerlei er mit weniger Ueberdruss genährt wird.[4]) Freilich ist diese Ab-

---
[1]) I. prooem. 5.
[2]) I. 12, 2. cf. I. 2, 11. 29. 31 u. S. 16 ff.
[3]) I. 12, 4.
[4]) I. 12, 5.

wechselung nicht so aufzufassen, als ob der Schüler z. B., wie Quintilian sich ausdrückt, zuerst seine ganze Zeit nur dem Grammatiker widmen solle, darauf nur dem Geometer, dann nur der Musik, als ob er bei der Beschäftigung mit lateinischer Litteratur von den Griechen keine Notiz zu nehmen hätte.[1]) Das wäre auch eine Mannigfaltigkeit im Stoff, aber zugleich auch eine Zersplitterung. Davor warnt er eindringlich, wenn er sagt: Warum raten wir denn nicht dem Landmanne, dass er nicht zu gleicher Zeit dem Felde, dem Weinberge, dem Olivengarten, der Baumpflanzung, den Wiesen, den Herden, den Bienenstöcken und Vögeln seine Sorge angedeihen lassen solle? Warum widmen wir selbst täglich einige Zeit den Geschäften des Forums, einige den Wünschen der Freunde, einige dem Hauswesen, einige der Körperpflege, einige dem Vergnügen?[2]) Damit redet Quintilian der Mannigfaltigkeit das Wort, die aber nicht mit der Zersplitterung zu verwechseln ist; bei der Mannigfaltigkeit muss doch auch eine gewisse Einheit im Unterrichtsstoff vorherrschen; indessen diesen Gedanken deutet er nur an; er hat seine Notwendigkeit mehr geahnt als bewusst ausgesprochen, wenn er auch z. B. speciell Griechisch und Latein zu gleicher Zeit mit gleicher Sorgfalt betrieben wissen will, damit beides sich gegenseitig stütze, und wenn er auch die verschiedenen Unterrichtsgebiete vergleicht mit den harmonisch zusammen klingenden Seiten eines Instruments.[3])

---

[1]) I. 12, 4.
[2]) I. 12, 7.
[3]) II. 8, 14. 15; cf. 8, 8.

Unter gleichzeitiger Beobachtung aller dieser methodischen Regeln soll der Lehrer den Unterrichtsstoff an den Geist des Schülers heranbringen und zwar im Allgemeinen durch Vortrag, also durch das akroamatische Lehrverfahren; indessen Quintilian ist sich des Nutzens wohl bewusst, den die erotematische Methode bringt; deshalb verlangt er vom Lehrer, er solle nicht nur vortragen, sondern ab und zu Fragen stellen und dadurch das Urteil seiner Schüler prüfen; darin sieht er mehrfache Vorteile; die Zuhörer verfallen nicht in sorglose Sicherheit, lernen selbständig denken und urteilen, und der Lehrer kann sich leicht über ihren Wissensstand orientieren.[1]) An anderer Stelle heisst es: den Fragenden gebe der Lehrer gern Antwort,[2]) diejenigen, welche nicht fragen, forsche er aus freien Stücken aus.[3]) Neben dem akroamatischen Lehrverfahren will Quintilian also auch das eromatische nicht ausser Acht gelassen wissen.

Es genügt dem Quintilian nun noch nicht, dass der Stoff auf die rechte Art ausgewählt, zugeschnitten und dargeboten wird; er soll ja auch in des Schülers dauernden geistigen Besitz übergehen. Dazu aber bedarf es der öfteren Wiederholung dessen, was dem Geiste geboten wurde, und eines guten Gedächtnisses;[4]) die Forderung der Wiederholung des im Unterricht gebotenen Stoffs wird von Quintilian nur gestreift und zwar einmal gelegentlich der Anweisungen über die Methode des Lesenlernens; da heisst es: quin immo

---

[1]) II. 5, 13.
[2]) Erinnert an die mittelalterlichen Katechismen.
[3]) II. 2. 6.
[4]) Ueber das Gedächtnis vergl. das S. 17—22 Bemerkte.

ne primae quidem memoriae temere credendum: repetere et diu inculcare fuerit utilius,[1]) das andremal gelegentlich der Aeusserungen über die Methode der Erwerbung eines reichen Wortschatzes: dort sagt Quintilian: repetamus autem et retractemus et, ut cibos mansos ac prope liquefactos demittimus quo facilius digerantur, ita lectio non cruda, sed multa iteratione mollita et velut confecta memoriae imitationique tradatur.[2]) Wenn man nun diese gelegentlichen Aeusserungen auch nicht ohne Weiteres verallgemeinern darf, so lassen sie doch den Schluss zu: Gänzlich ausser Acht hat Quintilian die Befestigung des Unterrichtsstoffes nicht gelassen; sonst würde er nicht so grossen Wert auf die Wiederholung in jenen beiden speziellen Fällen gelegt haben.

Nachdem wir die Unterrichtsmethode im Allgemeinen kennen gelernt haben, sehen wir zu, inwieweit Quintilian sich von den hier aufgestellten Grundsätzen bei der praktischen Ausübung der speziellen Methode des sprachlichen Unterrichts hat leiten lassen; denn um diesen allein handelt es sich hier, wo wir von einer ausgebildeten speziellen Methode sprechen; und zwar wollen wir dem Unterrichte im Lesen und Schreiben näher treten, um dann die Methode des sprachlichen Unterrichts auf der obersten Stufe kennen zu lernen.

Wie oben schon bemerkt,[3]) bewegte sich der damalige Unterricht des künftigen Redners auf drei Stufen, die auch Quintilian seinen Schüler betreten

---

[1]) I. 1, 31.
[2]) X. 1, 19.
[3]) S. 11 f.

lässt; er konstruiert aber vor der untersten Stufe noch eine Art Hülfsstufe: ehe nämlich der eigentliche Elementarunterricht, Lesen und Schreiben, beginnt, soll das Kind schon in seinem frühesten Kindesalter zum richtigen Sprechen angehalten werden, nichts Falsches darf man ihm durchlassen; deshalb wird auch von den Ammen, wie überhaupt von allen, die mit dem Kinde zunächst in Berührung kommen, eine fehlerlose Sprache verlangt.[1]) Von der Rücksicht auf eine gute Sprache sollen sich die Eltern des Kindes bei der Wahl der Ammen, vorausgesetzt, dass diese in moralischer Beziehung untadelhaft sind, in erster Linie leiten lassen; denn sie wird das Kind zuerst hören, ihre Worte wird es zuerst nachzuahmen suchen und am treuesten im Gedächtnis bewahren; was man nun in noch unentwickeltem Zustande aufgenommen hat, das haftet am besten, das Schlechte aber fester als Gutes.[2]) Man verhindere deshalb, dass das Kind sich an ein Sprechen gewöhne, das wieder verlernt werden muss.[3]) Ist die Forderung, dass alle die, welche mit dem Kinde zuerst in Berührung kommen, fehlerlos sprechen, nicht zu verwirklichen, dann sollte doch wenigstens eine Person immer um das Kind herum sein, die Falsches sogleich verbesserte und jener Forderung Genüge leistete: dum tamen intelligatur id, quod prius dixi, bonum esse, hoc remedium.[4])

---

[1]) I. 1, 4. 6—8.
[2]) I. 1, 4. 5 (nam bona facile mutantur in peius; num quando in bonum verteris vitia?).
[3]) I. 1, 5.
[4]) I. 1, 11.

Nach dieser vorbereitenden Stufe beginnt der eigentliche Elementarunterricht:[1) Lesen und Schreiben; das Lesen nimmt seinen Anfang mit dem Erlernen der Buchstaben, die dem Kinde anschaulich und konkret vorzuführen sind. Das Interesse muss dabei wachgerufen werden: um dem Kinde Lust zum Lernen zu machen, gebe man ihm Elfenbeinbuchstaben oder was sich sonst noch zur grösseren Freude der Kinder finden lässt, quod tractare, intueri, nominare iucundum sit; vielleicht meint er hier Bilder, durch die die verschiedenen Buchstaben dargestellt werden.[2) Die allgemein verbreitete Methode, Namen, Reihenfolge und Formen der Buchstaben nacheinander auswendig lernen zu lassen, verwirft er, denn das Kind richtet seine Aufmerksamkeit nicht auf die Schriftzüge, sobald ihm die Form des Buchstabens entgegentritt, sondern sagt die Buchstaben aus dem Gedächtnis so her, wie es sie vorher gelernt hat. Um das zu vermeiden, müssen, wie bei den Menschen, Gestalt und Namen zu gleicher Zeit gelehrt werden; damit man sich nun davon überzeugen könne, dass der Knabe auch wirklich die Buchstaben ihrer Form und nicht bloss der gewöhnlich geschriebenen Reihenfolge nach kennt, lasse man sie rückwärts und ausser der Reihe lesen.[3) Hat das Kind sich die Buchstaben fest eingeprägt, so kann man zum Schwierigeren, zum Syllabieren, übergehen; sind auch die Silben unverlierbares Eigentum des Kindes geworden, — durch öftere Wiederholung und langes Einüben — dann

---

[1) Ueber die Zeit seines Anfangs cf. S. 34.
[2) I. 1, 26.
[3) I. 1, 25.

kann mit der Verbindung der Silben zu Wörtern begonnen werden. Später sind dann Sätze und endlich zusammenhängende Lesestücke vorzunehmen. Das ist das Schwierigste, weil das Kind zu gleicher Zeit seine Augen auf das Folgende richten und das Vorhergehende aussprechen, so aber seine Geistesthätigkeit derart teilen muss, dass es etwas anderes mit der Stimme, etwas anderes mit den Augen verrichtet.[1]) Ein Punkt wird beim Lesen aufs Nachdrücklichste hervorgehoben: ja nicht zu schnell vorwärts gehen! Die Grundlagen müssen unerschütterlich fest liegen; ohne Anstoss, ohne Zweifel, ohne Verzug des Nachsinnens muss die Verbindung der Buchstaben unter sich geschehen. Im andern Falle hat sich der Lehrer der Uebereilung schuldig gemacht, und das ist von grossem Schaden, weil die Schüler dadurch mehr und mehr vom Ziele der Lesefertigkeit abkommen; man gehe darum langsam vor, denn Unsicherheit, Unterbrechungen, Wiederholungen sind die Folgen übereilten Vorgehens beim Lesen;[2]) durch fleissige Uebung bringe es das Kind erst zu fehlerloser Sicherheit, dann zu fehlerloser Schnelligkeit. Auf der zweiten Stufe des Unterrichts, beim Grammatiker, hat man das sinngemässe Lesen zu betreiben; der Knabe lerne bei der Lektüre von Gedichten z. B., wo der Atem einzuhalten sei, wo er den Vers abteile, wo ein Gedanke zu Ende sei, wann die Stimme gehoben oder gesenkt werden müsse, was langsamer, schneller, heftiger, sanfter zu lesen sei;[3]) also abgesehen vom sinn-

---
[1]) I. 1, 34.
[2]) I. 1, 32.
[3]) I. 8, 1.

gemässen soll auch das ausdrucksvolle Lesen beim Grammatiker geübt werden.

Hand in Hand mit dem Kennenlernen der Buchstaben nach ihrem Namen und ihrer Gestalt geht das eigenhändige Nachbilden derselben, das Schreibenlernen. Dem Schreiben wird eine grosse Bedeutung zugemessen; durch das Schreiben erwirbt sich der mit den Wissenschaften Beschäftigte wahre und gründliche Fortschritte.[1]) Ueber die Schreibmethode wird folgendes bemerkt: Wenn das Kind anfängt die Schriftzüge nachzubilden, ist es von grossem Nutzen, die Buchstaben möglichst deutlich und schön in eine Tafel einzuschnitzen. Das Kind ziehe nun den Griffel in den Schriftzügen wie in einer Furche hin, dies bedeutete eine wesentliche Erleichterung zur geübten Praxis; denn bei dem gewöhnlichen Brauche, die Buchstaben in Wachstafeln vorzuschreiben und dann vom Kinde nachziehen zu lassen, war ein Ausgleiten des Griffels leicht möglich; ausserdem musste der Lehrer dem Kinde die Hand führen; beides fällt bei der neuempfohlenen Methode weg.[2]) — Eine speziellere Anweisung über die Reihenfolge der zu schreibenden Buchstaben vermisst man; aus den allgemeinen Bemerkungen aber, dass der Unterricht stufenmässig vorwärts schreiten soll, lässt sich erschliessen, dass Quintilian auch beim Schreiben vom Leichteren zum Schwereren übergegangen wissen will. Wenn der Knabe nun anfängt Wörter zu schreiben, so soll er sich nicht an gewöhnlichen Wörtern im Schreiben

---

[1]) I. 1, 28.
[2]) I. 1, 27.

üben, sondern an schwer zu verstehenden, damit er sich gleich beim Schreiben das Verständnis der dunkleren Sprache[1]) mit aneigne. Auf diese Weise erwirbt er sich mit den ersten Elementen etwas, das später besondere Zeit erfordern würde.[2]) Auch soll das Schreiben zur Förderung der Sittlichkeit mitwirken.[3]) Wie anderswo, so kommt auch hier beim Schreiben die ästhetische Forderung zur Geltung: man schreibe möglichst gut; und wie nach Quintilians Ansicht überhaupt die Schönheit nie rein vom Nutzen getrennt ist,[4]) so ist's auch beim Schreiben; denn eine gute Handschrift ist für jeden leserlich und macht deshalb das Diktieren dessen, was man abgeschrieben wissen will, unnötig; aber auch schnell zu schreiben soll man sich gewöhnen, da eine langsame Handschrift den Gedankengang hemmt.[5])

Hat der Schüler Lesen und Schreiben gelernt, so ist es Zeit, die zweite Unterrichtsstufe zu betreten und sich mit der Grammatik zu beschäftigen und zwar zunächst mit griechischer Grammatik, später erst mit der lateinischen; die Methode ist in beiden Fällen dieselbe.[6]) Die Grammatik ist für den künftigen Redner überaus wichtig: quae nisi oratoris futuri fundamenta fideliter iecit, quidquid superstruxeris, corruet: necessaria pueris iucunda senibus, dulcis secretorum comes,

---

[1]) linguae secretioris quas Graeci $\gamma\lambda\tilde{\omega}\sigma\sigma\alpha\varsigma$ vocant; vergleiche die Glossolalia des N. T.
[2]) I. 1, 34. 35.
[3]) cf. S. 45 f.
[4]) VIII. 3, 11.
[5]) I. 1, 28.
[6]) I. 4, 1.

et quae vel sola in omni studiorum genere plus habeat operis quam ostentationis,[1]) und sie verdient den Vorwurf der Trockenheit und Nüchternheit durchaus nicht, denn sie ist der Inbegriff verschiedener Wissenschaften; in der Hauptsache zwar hat sie nur zweierlei zu vermitteln: die Kenntnis richtig zu sprechen und das Verständnis der Schriftsteller;[2]) jenes aber begreift in sich die Rechtschreibungslehre,[3]) dieses setzt nicht nur die Bekanntschaft mit der Musik — wegen der verschiedenen Versmasse und Rythmen der Dichtungen — voraus, sondern auch die mit der Philosophie und Astronomie, weil verschiedene Dichter die Lehren der Weisheit in Versen überliefert haben; andere wieder bedienen sich sehr häufig bei Angabe der Zeiten des Auf- und Niederganges der Gestirne.[4]) Schliesslich bedarf die Grammatik auch einer nicht mittelmässigen Beredsamkeit, um über einen jeden der angeführten Gegenstände eingehend und ausführlich reden zu können. Die Grammatik ist demnach eine sehr reichhaltige Wissenschaft; aus diesen Gedanken heraus spricht Quintilian die Worte aus: quo minus sunt ferendi, qui hanc artem ut tenuem atque ieiunam cavillantur.[5])

Der wichtigere Teil der Grammatik nun ist der zweite; er besteht in der Einführung in die Litteratur;[6]) dadurch soll unter anderem die synthetisch gegebene

---

[1]) I. 4, 5.
[2]) I. 4, 2. 9, 1; mit beiden ist die Kritik eng verknüpft. I. 4, 3.
[3]) I. 4, 3. I. 7.
[4]) I. 4, 4.
[5]) I. 4, 5.
[6]) cf. Biel, S. 50 u. 51.

Grammatik analytisch eingeübt werden. Wie und was gelesen werden soll, ist bereits oben erörtert worden, hier handelt es sich um die Methode der Interpretation; ist das betreffende Stück, z. B. ein Gedicht, ausdrucksvoll und sinngemäss[1]) gelesen, so muss zunächst die Worterklärung[2]) stattfinden, dann die Auflösung der Satzkonstruktion, Hervorheben rhythmischer Eigentümlichkeiten, Hinweis auf ungewöhnliche, seltenere Ausdrücke,[3]) Erklären vorhandener Tropen und Figuren,[4]) Hinweis auf die geschickte Anordnung und Verteilung der Gedanken und des Stoffes[5]) und schliesslich, nachdem die zum Verständnis des Gelesenen etwa noch nötigen geschichtlichen Bemerkungen gegeben sind, Prüfung des sittlichen Werks der Gedanken.[6])

Soviel erfahren wir über den Betrieb der Grammatik auf der zweiten Unterrichtsstufe; auch beim Rhetor wird sie noch getrieben. Hier, auf der dritten und letzten Stufe des Unterrichts galt es, ästhetische Zustände zu begründen, den ästhetischen Sinn zu wecken, das ästhetische Gefühl zu beleben; hier soll zu ästhetischem Schaffen die Anregung, zu Erzeugnissen ästhetischer Kunstwerke, zu Reden und Vorträgen, die Anleitung gegeben werden; wie man nun für ein gegebenes Thema Stoff zu sammeln, anzuordnen, sprachlich darzustellen, wie man zu memorieren

---

[1]) I. 8, 2 u. Seite 66. 67.
[2]) I. 8, 15.
[3]) I. 8, 13. 15.
[4]) I. 8, 16.
[5]) I. 8, 17.
[6]) I. 8, 17. 18.

und frei vorzutragen habe, darüber verbreitet sich Quintilian mit grösster Ausführlichkeit; und so kann er uns als ein trefflicher Ratgeber vor allem in der Stilistik dienen.¹) Nach dieser Seite hin wollen wir ihn hier betrachten, es soll aber nur das Hauptsächlichste hervorgehoben werden, der grössere Teil seiner Ausführungen muss bei Seite bleiben, vor allem das, was teils nur für den Redner vor Gericht, teils nur für den Philologen von Fach von Interesse ist.

Die Methode auf der dritten Stufe des Unterrichts hat mehrfache Aehnlichkeit mit der auf der vorhergehenden Stufe; vieles, was erst dort über die Methode gesagt wird, hätte schon hier erwähnt werden können. Die praktischen Uebungen,²) die sich schon beim Grammatiker an die Theorie anschlossen, bleiben beim Rhetor im Wesentlichen dieselben; so legt Quintilian auch in der Rhetorenschule Gewicht auf Erzählungen, Lektüre und schriftliche Arbeiten, Uebungen, die eng zusammen gehören.³) Gelegentlich der Erwähnung der ersten praktischen Uebung beim Rhetor⁴) weist er darauf hin, dass es sich nicht darum handle, möglichst rasch die Fähigkeit zu erlangen, aus dem Stegreif zu reden: hinc parentium imperitorum inane gaudium, ipsis vero contemptus operis et inverecunda frons et consuetudo pessime dicendi et malorum exercitatio et quae magnos quoque profectus frequenter perdidit arrogans de se persuasio innascitur.⁵) Auch

---

¹) Biel S. 51 u. 52.
²) Ueber ihre Einteilung cf. X. 1, 1—4.
³) X. 1, 2.
⁴) II. 4.
⁵) II. 4, 16.

hier also schadet die Uebereilung, darum immer langsam und stufenweise, nicht sprungweise vorwärts schreiten; der nur wird dem vorgesteckten Ziele am nächsten kommen, der eher richtig als schnell sprechen lernt.[1]

Von grösster Wichtigkeit ist auch auf der dritten Stufe des Unterrichts die Lektüre; mit Hülfe der Grammatik kann man nur zum richtigen, nicht aber auch zum schönen Reden kommen; dieses wird einzig und allein durch die Lektüre erreicht;[2] wurden nun beim Grammatiker hauptsächlich die Dichter gelesen, so hat der Rhetor vor allem die Geschichtsschreiber und Redner zu berücksichtigen; leider ist das nur selten der Fall.[3] Die unterrichtliche Behandlung der Lektüre beim Rhetor soll folgende sein: Zunächst wird das betreffende Stück — facto silentio — von Schülern vorgelesen, nicht vom Lehrer, damit sich die Schüler zu gleicher Zeit mit an den Vortrag gewöhnen; an zweiter Stelle erklärt der Lehrer den Zusammenhang, in dem das Stück steht; dadurch soll das Verständnis des Gelesenen erleichtert werden; an dritter Stelle kommt er auf den Inhalt selbst zu sprechen; an vierter Stelle ist auf die kunstvolle Komposition und auf die Schönheiten der Sprache hinzuweisen.[4] Doch nicht allein mustergültige Reden soll der Knabe kennen lernen: ne id quidam inutile, etiam corruptas aliquando et vitiosas orationes . . .

---

[1] II. 4, 17.
[2] II. 5, 5.
[3] II. 5, 1.
[4] II. 5, 6—9.

legi palam ostendique;[1]) dadurch soll der Schüler erfahren, wie eine Rede nicht beschaffen sein soll; freilich eine bedenkliche Methode; Quintilian vergisst hier seine eigenen Worte: je schlechter etwas ist, desto leichter haftet es in der Seele.[2])

Entsprechend seiner Forderung eines stufenmässigen Fortschrittes im Unterricht verlangt er vom Rhetor, dass er leichten[3]) schwerere Uebungen folgen lasse; von diesen schriftlichen Uebungen hält er überaus viel; ohne häufige schriftliche Uebungen kommt es überhaupt nicht zu einer gediegenen und kräftigen Beredsamkeit,[4]) in Uebereinstimmung mit Cicero nennt er die schriftliche Uebung die beste und wirkungskräftigste Lehrerin der Beredsamkeit;[5]) freilich gilt auch hier die Warnung vor Uebereilung, die ja immer schädlich ist.[6]) Die stilistischen Uebungen, die sich in der Schule des Grammatikers an die Lektüre anschliessen sollen, sind: Nacherzählungen,[7]) Auflösung von Gedichten in Prosa, Paraphrasen,[8]) Ausarbeitungen von Sentenzen und Chrieen, endlich Charakterschilderungen;[9]) beim Rhetor werden diese Uebungen schwieriger durch Auswahl eines schwerer zu bearbeitenden Stoffes; sie erstrecken sich nämlich

---

[1]) II. 5, 10.
[2]) I. 1, 5.
[3]) d. h. den leichteren Uebungen beim Grammatiker.
[4]) X. 1, 2.
[5]) X. 3, 1.
[6]) im übrigen bringt das 10. Buch noch reiche Bemerkungen über die schriftlichen Uebungen.
[7]) besonders äsop. Fabeln I. 9, 2.
[8]) ibidem.
[9]) I. 9, 3.

auf Widerlegen oder Beweisen von Erzählungen, auf Vergleiche, auf Mutmassungen, auf Anfertigen von Gedichten.¹) Als vorzüglichstes Mittel zur Gewinnung eines reichen Wortschatzes und eines gewandten Ausdrucks bezeichnet er die Uebersetzungen aus dem Griechischen in das Lateinische²) und aus dem Lateinischen in das Griechische.³) Ein Fortschritt vom Leichteren zum Schwereren ist also nicht zu verkennen, wenn wir die zweite und dritte Unterrichtssufe mit einander vergleichen.

Diese Forderung eines stufenmässigen Fortschrittes vom Leichteren zum Schwereren kann natürlich auch nicht ohne Einfluss auf die Methode sein; diese muss dem Anfänger die schriftliche Uebung möglichst leicht machen, den Fortgeschritteren dagegen muss sie grösseren Spielraum gewähren, damit die Selbstthätigkeit des Schülers mehr zur Geltung kommen kann. Das Alles hat Quintilian reiflich in Erwägung gezogen; er spricht sich darüber wie folgt aus: die einen Lehrer muten dem Zögling zu wenig zu, indem sie ihm eine zu umfangreiche Disposition geben, die andern zu viel, da sie ihm nur gewisse Grundlinien entwerfen. Beides ist von Nutzen, aber je nach den Umständen: utraque ratio miscenda est et ita tractanda ut ipsae res postulabunt; namque incipientibus danda erit velut praeformata materia secundum cuiusque vires ut cum satis composuisse se ad exemplum videbuntur, brevia quaedam demonstranda vestigia, quae persecuti iam suis viribus sine adminiculo progredi possint.⁴)

---

¹) II. 4, 18—26 und X. 5, 15. 16.
²) X. 5, 2 ff.
³) X. 5, 4 ff.
⁴) II. 6, 1—5.

Die Fehler der schriftlichen Arbeit dürfen nicht mit allzu grosser Strenge verbessert werden. Das schwächt die Lust und Liebe des Zöglings zur Sache;[1]) vor allem hat man bei der Korrektur der Arbeiten das Alter des betreffenden Schülers mit zu berücksichtigen: aliter autem alia aetas emendanda est et pro modo virium et exigendum et corrigendum opus. solebam ego dicere pueris aliquid ausis licentius[2]) aut laetius, laudare illud me adhuc: venturum tempus, quo idem non permitterem: ita et ingenio gaudebant et iudicio non fallebantur.[3]) Ist die Arbeit so schlecht, dass sie überhaupt keine Verbesserung mehr zulässt, dann ist es am Besten, denselben Stoff nochmals mit dem Schüler zu besprechen und ihn von Neuem ausarbeiten zu lassen;[4]) zuweilen soll der Lehrer dem Schüler sogar eine Arbeit diktieren; sie gelte diesem als mustergültig, als nachahmenswertes Beispiel, an dem er seinen Stil zu bilden hat.[5])

Mit der Lektüre und schriftlichen Uebung aber ist noch nicht genug für die Bildung des künftigen Redners gethan: quid sciet, quae quoque sint modo dicenda, nisi tamquam in procinctu paratamque ad omnis casus habuerit eloquentiam, velut clausis thesauris incubabit.[6]) Damit begründet Quintilian die Notwendigkeit der Uebungsvorträge in den Schulen der Rhetoren, deren Wert er wohl zu schätzen weiss; er sagt von ihnen: sie sind eine ebenso neue als nützliche

---

[1]) II. 4, 10.
[2]) Hierzu vergleiche II. 4, 4. 6.
[3]) II. 4, 14.
[4]) II. 4, 13.
[5]) II. 4, 12.
[6]) X. 1, 2.

Erfindung; nur wünscht er, dass ihr Stoff dem praktischen Leben entnommen sei, oder dass sie selbst wenigstens der Wahrheit ziemlich nahe kämen,[1]) nicht aber einfältig und dem schärfer Blickenden lächerlich erschienen.[2]) Quintilian zeigt sich auch hier von seiner praktischen Seite; derartige der Wirklichkeit angepasste Reden bringen nicht allein dem heranwachsenden Rhetorenschüler, sondern auch dem fertigen Redner den grössten Nutzen.[3])

Das schien mir das Wertvollste von dem zu sein, was Quintilian über die Methode sagt.

Wir sind am Ende unserer Arbeit, denn wir haben durch die Beantwortung der drei aufgeworfenen Fragen die wichtigsten pädagogischen Gedanken, die Quintilian in seiner institutio oratoria entwickelt, kennen gelernt; wie nahe er mit ihnen der Wahrheit gekommen ist, zeigt ein Blick auf die Geschichte der Pädagogik, die hervorragenden Pädagogen aller Zeiten haben mehr oder weniger von Quintilian gelernt und auf seinen Ansichten weiter gebaut, und heute noch, nach beinahe 2000 Jahren, hat sehr Vieles von dem, was er uns in seinem Werke vorführt, noch Geltung; das will gewiss viel heissen.[4]) Seine Gedanken kann

---
[1]) II. 10, 4.
[2]) II. 10, 6.
[3]) X. 5, 14.
[4]) „Es sind das alles Wahrheiten, die zwar den Lehrern, Erziehern und Eltern unserer Schüler bekannt sind, die aber mit ganz besonderer Kraft auf uns einwirken, wenn sie als Wahrheiten gefasst werden, die schon vor beinahe 2000 Jahren und z. T. noch früher ausgesprochen wurden." (Fleischmann, Quintilians Pädagogik 1864.)

man mit Goldkörnern vergleichen, die beinahe fünfzehn Jahrhunderte hindurch[1]) im Bücherstaube begraben waren und doch nichts von ihrem alten Glanze eingebüsst haben bis zum heutigen Tage. Ja wir müssen uns wundern über jene tiefe pädagogische Einsicht, die man bereits zu Anfang unserer Zeitrechnung und zum Teil noch vorher[2]) besessen hat, wie sehr auch die Pädagogik der späteren Zeit, vor allem der Gegenwart durch den Einfluss eines Komenius, eines Pestalozzi, eines Herbart sich zu ihrem Vorteile verändert hat, so darf man doch die alte römische nicht unterschätzen; jede Zeit wird nur dann recht gewürdigt und verstanden, wenn man bei ihrer Beurteilung von der Gegenwart absieht und sich in die betreffende Epoche der Vergangenheit zurückversetzt; thun wir das, dann werden wir auch der Pädagogik Quintilians gerecht, die nicht nur für ihre, sondern auch besonders für die Zeit der Renaissance und des Althumanismus bahnbrechend gewesen ist; unbestritten ist die institutio oratoria ein treffliches Werk, eine feste und bleibende Grundlage für die Pädagogik aller Zeiten; denn keimartig ist in ihr alles für die Pädagogik Wichtige vorhanden, wenn wir auch heutzutage nicht mehr alles, was Quintilian in seinem Werke vorbringt, zu billigen vermögen; es gilt eben auch hier cum grano salis das Dichterwort:

> Das Alte stürzt, es ändert sich die Zeit,
> Und neues Leben blüht aus den Ruinen.

---

[1]) Poggio entdeckte während des Kostnitzer Konzils ein vollständiges Exemplar der institutiones des Quintilian.
[2]) cf. die griechischen Quellen Quintilians S. 24.

Lebenslauf.

Ich, Friedrich Johannes Loth, wurde am 15. August 1873 als ältester Sohn des Lehrers Friedrich Louis Loth und seiner Ehegattin Marie Loth geborene Günther in Leipzig-Neuschönefeld geboren und besuchte von Ostern 1879—1884 die Volksschule in Abtnaundorf, woselbst mein Vater seit 1876 als Lehrer heute noch wirkt. Von Ostern 1884—1893 besuchte ich das Königliche Gymnasium zu Leipzig, studierte, indem ich gleichzeitig meiner Militärpflicht genügte, von Ostern 1893—1897 in Leipzig Theologie und bestand daselbst vor Ostern 1897 die erste theologische Prüfung; alsdann studierte ich ein Semester lang in Leipzig Pädagogik und war dann in Leipzig als Lehrer an verschiedenen Schulen thätig. Zur Zeit bin ich Vikar an der III. Realschule daselbst.